職業安全及健康管理培訓教材

職業安全健康局編著　　萬里機構‧萬里書店出版

職業安全健康局

OCCUPATIONAL SAFETY & HEALTH COUNCIL

職業安全健康系列

職業安全及健康管理培訓教材

編著者
職業安全健康局

文字編輯
施冰冰

出版者
萬里機構出版有限公司
香港北角英皇道 499 號北角工業大廈 20 樓
電話：2564 7511　　傳真：2565 5539
電郵：info@wanlibk.com
網址：http://www.wanlibk.com
　　　http://www.facebook.com/wanlibk

發行者
香港聯合書刊物流有限公司
香港荃灣德士古道 220-248 號荃灣工業中心 16 樓
電話：2150 2100　　傳真：2407 3062
電郵：info@suplogistics.com.hk
網址：http://www.suplogistics.com.hk

承印者
美雅印刷製本有限公司
香港觀塘榮業街 6 號海濱工業大廈 4 樓 A 室

出版日期
二〇〇六年三月第一次印刷
二〇二二年五月第四次印刷

規格
16 開（230 mm × 170 mm）

序

　　繼《建造業安全健康培訓教材》及《職業安全健康督導員培訓教材》出版後，職業安全健康局再次為大家編纂《職業安全及健康管理培訓教材》一書。

　　為了提升香港企業的安全管理水平，政府於一九九九年根據《工廠及工業經營條例第(59章)》第7條通過《工廠及工業經營(安全管理)規例》，強制指定某些工業經營的承建商及東主，必須為其經營行業推行一套由十四個主要元素組成的安全管理制度；並且依據規例要求，他們須按步去策劃、發展、組織、實施與及量度安全管理制度，並肩負定期審核和進行查核的責任。

　　是次我們編製《職業安全及健康管理培訓教材》一書目的，旨在深入淺出地闡述如何有效地策劃、建立、發展和實施職業安全及健康管理制度的每一個重要元素，以及如何量度安全管理制度的成效。同時亦指出工作場地所遇到的常見危害，並提供風險控制管理的方法。透過有系統的闡釋，希望能協助讀者去了解良好的作業方式與完善的安全管理的關係。通過親身實踐和定期檢討，提高工作安全及健康水平，確保每一位在職人士，均可以在安全及健康的環境下工作。

職業安全健康局主席
伍達倫博士，BBS，太平紳士
2006年3月20日

1 引 言

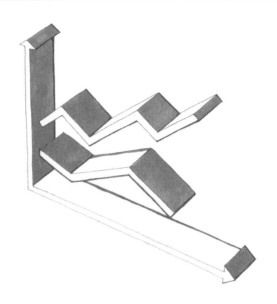

1.1 香港的安全管理制度

過去，香港所沿用的安全法例頗為規範，詳列各項具體要求，例如有關起重機械及起重裝置的規定。較近期，有關法例開始著眼於工作上的安全系統。職業安全及健康條例及規例的通過便是很好的例證。直至1995年，安全及健康管理概念才得到真正的重視。

香港政府於1995年就工業安全問題進行了全面檢討。檢討涵蓋整個工業界，當中尤以建造業為焦點所在。政府對工業安全問題的取態是，確保工作安全及健康的責任，主要應由引發風險以及必須在風險下工作的人士承擔。政府應提供法律及行政架構，協助公司建立安全管理制度，從而實現自我規管。

為了提升工業安全水平，政府於1999年初根據《工廠及工業經營條例》引進了一套安全管理規例。其後，立法會於1999年11月24日根據《工廠及工業經營條例（第59章）》第7條通過《工廠及工業經營（安全管理）規例》，強制某些指定工業經營的承建商及東主，必須建立由14項主要元素構成的安全管理制度。是項規例要求，某些工業經營的承建商或東主須為其工業經營發展，實施及維持

一項包含若干主要元素的安全管理制度。有關制度並須定期接受審核或查核。是項規例已於2002年4月1日正式生效。

1.2 職業安全及健康條例

僱主或承建商的責任，正如法律所確認（該法例內稱「一般責任」），是在僱用期間的任何情況下均對其僱員的安全作出合理照顧。一般責任可概述如下：

（1）提供一個安全的工作制度

（2）提供資料、訓練及指導

（3）提供安排以安全使用運載、貯存及處理物料

（4）提供安全的進出途徑

（5）提供安全的工作場地

1.3 安全工作系統

工作系統是指關於僱員執行所從事工作的慣常方法，其中包括職務的安排、使用機械設備的方法、適當器具與人力資源的供給、就執行提供正確指引、警告及通知等。勞工處已將安全工作系統界定為有系統地研究一項工作以識別所有危害後訂明的一項正式程序。系統界定了各種安全方法，以確保將危害消除，或將風險減至最低。安全系統的設計涉及5個步驟：

（1）對工作進行評估；

（2）識別危害並評估風險；

（3）界定安全方法；

（4）實施安全系統及；

（5）監察有關系統。

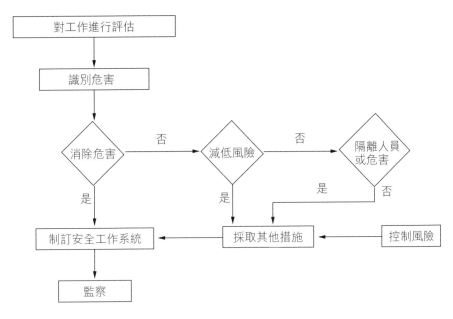

圖1 工作系統

　　當發展或修改某些程序或工作指引時，應確保此等程序或指引符合相關規例、標準及工作守則的規定。工作程序與工作指引應由合資格人員在收集有需要執行該項工作的僱員的意見後制定。所制定的程序應製成文件，並應由指定人員授權。就被評估為高風險的工種，必須製備文件化程序，並如有需要，更應製備「工作許可證」。

1.4 職業安全及健康領域中的良好作業方式

　　傳統上，處理職業安全及健康問題的方式始於立法，規定各項極具體的控制措施，繼而是實行此等控制措施，以合符法律要求和免受檢控。可是，工作場地並不因而變得更安全。今天，法律不再巨細無遺地羅列各項法律要求。因為試想，把一份安全管理規例交給一名經理，然後囑其用之以計劃及發展一項安全管理制度，那根本就不可行。我們相信，在職業安全及健康的表現上成就持續完善的主要原動力，應來自機構內部，而非機構外部。機構乃透過培養一種安全及健康文化，而非通過受檢控的威嚇而實現上述完善。因此，以奉行良

好的作業方式為起步點，最終應可達致較全面及有效的控制。以下是標誌著成功推行安全管理制度的工作場地三個主要方面：

（1）機構文化

培養職業安全及健康文化至為關鍵的因素是高級管理層的承諾，以及如何使是項承諾傳達到機構的各個層面。

（2）機構的管理制度

這包括了機構的政策、工作標準、程序、培訓制度、督導水平及種類以及溝通制度。

（3）為機構的工作環境購置及安裝有形構件時已作出職業安全及健康方面的考慮

這包括設備裝置、器材、物質、物料及工作條件等方面。這方面必須與安全管理制度保持清晰聯繫。這方面的各種系統亦必須涵蓋如安全資訊、採購決策、維修保養計劃及機制等。

問題

(1) 香港政府於1995年就工業安全問題作出了全面檢討，其結果如何？

(2) 工作系統的設計涉及那5個步驟？

(3) 發展安全管理制度的起步點是甚麼？

2.1 建立安全管理制度的背景

早於1940年代,安全管理概念已為H.W.Heinrich於其有關意外產生的多米諾(骨牌)理論中加以發展。安全制度亦隨之應運而生。

圖2 多米諾(骨牌)模型(Heinrich's Domino Model)

| 欠缺管理控制(間接誘因) | 基本誘因(間接誘因) | 直接或即時誘因 | 意外 | 損失 |

於計劃、組織、領導或控制方面有所不足。在工作標準、表現標準及改正錯誤方面欠缺管理目標。

個人因素:欠缺知識、技能、動力、生理或精神上能力
工作上難題:工作標準設計、損耗及不正常使用。

不安全行為及狀況。

其後，於1960至70年代，他的工作更得到Frank Bird等人的進一步發展。有關損失產生的多米諾（骨牌）模型，是說明優良管理對實現安全方面的長期改進極為重要的上佳例子。

本模型認同意外一般有直接或即時誘因，亦有間接誘因。間接誘因又可分為人為因素及外在因素。

表1：直接誘因

不安全行為，包括	不安全狀況，包括
• 廢棄安全裝置	• 危險物質的不當貯存
• 不安全地使用設備	• 看守不足
• 試圖維修已啟動設備	• 地面濕滑
• 遺漏	• 火警及爆炸危害
• 未經授權操作	• 警報系統不足
• 使用損壞設備	• 外突物件
• 處於不安全位置或姿勢	
• 嬉戲	

表2：間接誘因

人為因素	外在因素
(a)知識及技能不足	(a)管理因素
• 欠缺危害意識　• 欠缺職業知識	• 採購的作業方式，例如未能將安全要求寫進各項規格、未能實施監督、提供資料及指引
• 欠缺職業技能　• 欠缺足夠指引	
(b)抵觸性動機	(b)設備因素
• 省時省力　　　• 貪圖舒適	• 正常損耗
• 吸引注意　　　• 堅持主見	• 不正常損耗
• 尋求群體認同　• 表達不滿	• 設計因素
(c)壓力超過精神所能承受限度的工作	(c)其他人的活動
• 資訊過盛	• 於建造方面的不良工作方式
• 工作設計不佳	• 維修保養不足或不小心維修保養
• 超越個人能力	• 群體規範

要更好地理解本模型，最佳的方法是從第5塊骨牌順序逆看。試想像當一行骨牌的最後一塊倒下時它所造成的損失、破壞或傷害。為防止這種事件重演，我們必須找出根由，而根由在於骨牌1——欠缺足夠的管理控制。

2.2 管理控制的失誤

機構未能合乎要求，可總結為以下幾種失誤：

(1) 計劃及發展上的失誤：

（a）缺乏清晰的安全及健康目標；

（b）現存的安全及健康目標不適當；

（c）高級管理層未能認識制訂安全及健康措施的重要性。

(2) 組織上的失誤：

（a）未有建立及維持控制安全的措施；

（b）並未促進員工之間及與管理層間的合作；

（c）並未有效傳達安全及健康信息；

（d）未能保證員工的勝任能力。

(3) 實施上的失誤：

（a）其有關安全及健康的計劃系統有所不足或根本不存在；

（b）對危害及風險評估不足；

（c）本身已存在的政策、方案及程序未被實施。

(4) 量度上的失誤：

（a）監察各項計劃成果的表現量度系統未能有效積極運作；

（b）負責監察意外、健康受損情況及事故的反應性系統並不健全。

(5) 審核及查核上的失誤：

（a）其審核及查核表現的系統有所不足或根本不存在；

（b）未能從過往的錯誤與問題汲取教訓。

2.3 現代管理安全及健康

　　過去採用的一般法例頗為規範性，詳列各項具體要求，例如有關機械防護的規定。但近期，法例開始較多地著眼於制度及程序。這趨勢引發了安全及健康管理法例的出台。法例規定僱主及承建商有責任確定危害，並評估風險。他們並應預計可能出現的危害，然後採取適當措施，預防職業意外與健康受損情況。下列表3說明了從傳統走向現代安全管理方式的轉變。

表3：從傳統走向現代安全管理方式的轉變

	傳統上	過渡期	現代
主要關注	探測危害。避免被當局找到犯錯	控制風險	協調及控制各工序以取得成果
強調	減低個人不足之處	有系統地減低風險	管理及改善工作系統以達到目的並將失敗減至最少
方法	視察——對不安全的作業成果作出回應	資料及措施以容許對輸入資料(控制表、統計措施、監察)作某程度控制	對主要工序文件化及作出控制，並根據各指標審核此等工序
量度方法	缺勤意外發生率。用於作出補救措施的預算百分比	趨勢分析。通過預防達致節約	按標準或指標衡量表現。安全及健康的積極措施如審核次數
職安健方面責任	安全主任、安全督導員、僱員	安全主任、安全督導員、各級經理、僱員	任何人——以高級管理層高調擔當領導角色

問題

(1) 近期安全法例方面有何明顯轉變？

(2) 根據意外產生模型的多米諾(骨牌)理論，很多意外發生的根由是甚麼？

3 安全管理制度的要求

3.1 1995年工業安全檢討諮詢文件

有關諮詢文件建議，安全管理制度應包括下列各個組成部分：

(1) 公司安全政策；

(2) 安全計劃；

(3) 安全委員會；

(4) 定期進行安全審核或安全查核；

(5) 為所有工人提供一般性安全訓練；並

(6) 為從事危險行業或進行危險工序的工人提供特殊訓練。

3.2 1999年《工廠及工業經營（安全管理）規例》

1999年，政府引進了一項包含14個元素的安全管理制度——《工廠及工業經營(安全管理)規例》。根據安全管理規例，某些工業經營的東主或承建商須為其工業經營發展、實施及維持一個包含若干主要元素的安全管理制度。有關制度並須定期接受審核或查核。

這規例適用於東主及承建商，其詳細要求已列明於經認可的工作守則（ACOP）。守則要求有100名或以上工人工作的責任人須發展、實施及維持一個包含14個元素的安全管理制度；有超過50名但少於100名工人的承建商或東主，則須發展、實施及維持一個包含8個元素的安全管理制度（見表4）。

表4：規定須設有安全管理制度的東主及承建商（《安全管理規例》附表3）

責任人	在內工作的工人總數			
	第1類	第2類	第3類	第4類
建築工程的承建商	在一天內有≥100名工人在單一個建築地盤；或合約價值≥一億	在一天內有≥50但<100名工人在單一個建築地盤工作	在一天內有≥100名工人在2個或多於2個建築地盤工作	在一天內有≥50但<100名工人在2個或多於2個建築地盤工作
船廠業務的東主	在一天內有≥100名工人在單一間船廠工作	在一天內有≥50但<100名工人在單一間工廠工作	在一天內有≥100名工人在2間或多於2間船廠工作	在一天內有≥50但<100名工人在2間或多於2間船廠工作
工廠的東主	在一天內有≥100名工人在單一間工廠工作	在一天內有≥50但<100名工人在單一間船廠工作	在一天內有≥100名工人在2間或多於2間工廠工作	在一天內有≥50但<100名工人在單2間或多於2間工廠工作
指定經營的東主	在一天內有≥100名工人在單一個工場工作	在一天內有≥50但<100名工人在單一個工場工作	在一天內有≥100名工人在2個或多於2個工場工作	在一天內有≥50但<100名工人在2個或多於2個工場工作
相應的安全管理制度責任	實施具14項元素的安全管理制度（SMS規例附錄II第1、2及3部）	實施具8項元素的安全管理制度（SMS規例附錄II第1部）	實施具14項元素的安全管理制度（SMS規例附錄II第1、2及3部）	實施具8項元素的安全管理制度（SMS規例附錄II第1部）
	進行安全審核	進行安全查核	進行安全審核	進行安全查核

3.3 東主、承建商及次承建商的責任

《安全管理規例》所採用的方法是在大型企業或項目中實施不同層面的安全管理制度。因此，舉例來說，一間建築公司若在不同地點經營建築地盤，該公司的東主或承建商便須同時在其企業及地盤內工作場地兩個層面上發展、實施和維持一項安全管理制度。此外，若次承建商屬《安全管理規例》附表3指明的東主或承建商類別的其中一類，則該次承建商亦須建立本身的安全管理制度。

問題

(1) 《安全管理規例》規定的基本要求有那些？

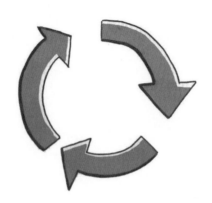

4.1 職業健康及安全管理制度指南BS8800:1996

職業健康及安全管理制度指南BS8800:1996，包含兩種模式——一種涵蓋了HS（G）65方式，另一種則涵蓋BS EN14001方式。指南的內容如下：

引言

1.   範疇

2.   資訊性參考資料

3.   釋義

HS（G）方式	BS EN14001方式
4. 職業健康及安全管理制度元素	4. 職業健康及安全管理制度元素
4.0 引言	4.0 引言
4.1 職業健康及安全政策	4.1 職業健康及安全政策

4.2 組織	4.2 策劃
4.3 策劃及實施	4.3 實施及運作
4.4 量度表現	4.4 檢查及改正行動
4.5 審核	4.5 管理檢討
4.6 定期狀況檢討	

4.2 職業安全及健康管理制度指引ILO－OSH 2001

國際勞工組織(ILO)已就職業安全及健康管理制度發展了指引ILO－OSH 2001。指引內的各項實際建議不具有法律約束力,亦無意取代國家法律、規例或已公認的標準。其管理制度包含的主要元素有政策、組織、計劃及實施、評核與改進行動。

4.3 勞工處制訂的管理模式

勞工處制訂了用以發展、實施和維持一項安全管理制度,這個管理模式不單在發展、實施及維持一項安全管理制度時應予採用,而且在發展、實施及維持該管理制度的各個組成系統上,以及在安全審核或安全查核方面,亦應採用。

圖3

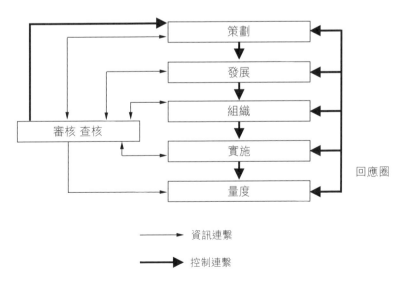

4.4 職業安全健康局的「建造業安全管理指南」

職業安全健康局的「建造業安全管理指南」，主要講述用以發展、實施及維持一項安全管理制度的管理模式。其所設計的六步驟方式，旨在協助承建商及次承建商發展、實施及維持一有效的安全管理制度。該6個步驟是：

(1) 策劃安全管理制度；

(2) 發展安全政策及安全計劃以達成期望的安全目標；

(3) 組織人力及資源以完成安全目標；

(4) 實施安全計劃；

(5) 量度表現並就表現進行安全審核 / 查核；

(6) 進一步策劃(定期狀況檢討)。

圖4

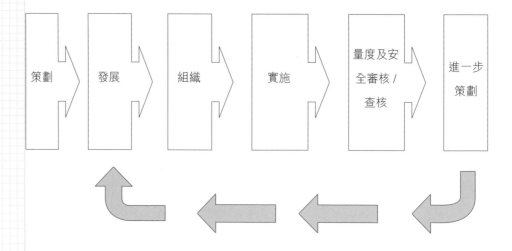

問題

(1) BS 8800管理模式中所採用的是那兩種方式？

(2) ILO－OSH 2001管理模式的主要元素有那些？

(3) 上列管理模式之間是否有任何差異？

5 策劃安全管理制度

制度策劃過程中涉及的5個步驟：

    （1）委任一名安全管理計劃統籌員

    （2）設立安全委員會

    （3）設立各工作小組

    （4）進行初步狀況檢討，以找出應取得或已取得甚麼資料

    （5）略述管理制度各項元素於安全計劃中

5.1 委任一名安全管理計劃統籌員

    在過去，安全管理的其中一項負面情況是，將安全問題交託給某個人，而該人便得為安全問題負責。實際上，我們應把安全問題視為各級管理人員的責任。因此，所委任的安全計劃統籌員，便只須為制度的設計程序負責而無須為安全負責。安全計劃統籌員的角色，主要是組織、監察機構，並向機構提供意見，以確保安全管理制度足夠及各項管理工作得到執行；其他工作還包括參與風險評估、安排安全訓練、安全推廣計劃、安全計劃等等。如果機構已經聘有

安全主任／經理，該名安全主任或經理通常會被委任為安全管理計劃統籌員。假如機構內並無現成合適人選，則應在機構外另覓安全顧問。

5.2 設立安全委員會

安全委員會可說是找出和解決職業安全及健康問題的一處論壇，各項安全系統及程序均可在此得到發展及監察。這委員會提供了一個討論場所，管理層及僱員可在此對話，談論有關工作場地的安全及健康事宜，並作出各項改善建議。

由工作小組組長、僱員代表及組別經理組成的安全委員會稱為公司或中央安全委員會(CSC)。委員會最少每季開會一次，代表了安全及健康方面的管理制度。CSC設立的目的在於對安全及健康計劃實行整體管理。這可透過促使各級負責組織的各個層面共同努力、指派責任和確保對找出、建議及不斷檢討及改善工人安全及健康的措施承擔責任而達成。

《工廠及工業經營(安全管理)規例》列明了在香港成立及管理安全委員會的法律要求。註明於第3章表4的第1或第3類東主，應最低限度設立一個安全委員會，並實施安全委員會建議的任何措施。設立的安全委員會應：

(1) 有最少半數成員(不論其由提名或選舉產生)代表工人；

(2) 獲得一份書面陳述，其中列明管限其成員資格、職權範圍及會議程序的規則；

(3) 最少每三個月開會一次；

(4) 備存其會議紀錄最少五年；

(5) 在會議上只討論與工人工作時的安全及健康相關的事宜。

CSC的基本關注，在於為整個機構設立安全政策、程序及計劃。機構內的所有部門／項目均須遵從此等標準。CSC的個別成員往往因缺乏所需的時間及資源，而未能研究及分析全部安全及健康事宜，工作小組因而有需要設立，以協助CSC為機構設計安全管理制度。

5.3 設立各工作小組

　　設立各個工作小組，有助於監督安全管理制度的所有安全元素。小組應包括安全計劃統籌員及各部門或地盤項目主管、督導員及僱員代表。這些小組的成員應對整項安全管理制度的內容完全熟悉。大多數工作小組的組長，均為CSC的成員。

圖5：安全及健康計劃設計隊伍各組成部分

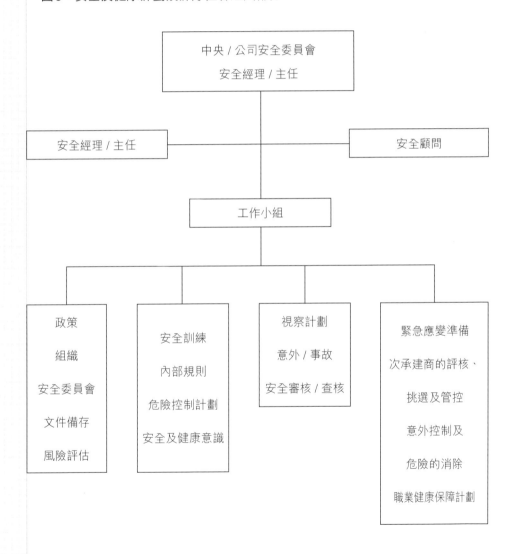

5.4 進行初步狀況檢討（ISR）

▸ 5.4.1要求

機構應進行初步狀況檢討。檢討提供的資料，將會影響最高管理層對現行制度的範疇、充足性及實施方面所作的決定，並且為量度進度提供了基準。

ISR應將機構現有的安排與下列各點作出比較：

（1）有關工作安全及健康的法例規定；

（2）現有可用的安全管理指引；

（3）最佳行業常規及行業表現；

（4）投放到安全管理上的現有資源的效率和效能。

▸ 5.4.2如何達致要求？

（1）東主或承建商應委任一名合資格人員進行ISR及初步危害分析(PHA)。

（2）找出適用法例

（a）該法例的規定可作為機構設立安全管理制度的最低要求。因此，除進行風險評估外，機構亦應找出適用於本身的法例規定。

（b）機構應閱覽有關強制性建議的整份清單，以便清楚了解法例對機構安全管理制度的基本要求。

（3）找出安全管理方面的現有指引

機構應就其為管理職業安全及健康（職安健）事宜所作的現有安排進行初步檢討，進行初步狀況檢討應解答「我們現處於何種情況？」這問題。

（4）初步危害分析(PHA)

機構亦應進行初步危害分析(PHA)。分析不單能找出現有危害，而且能找出可能發生變化而引致危害的情況及運作。PHA是對機構進行的首項評估，它揭示了在早期階段識別機構主要危害所在的重要性。在這階段，PHA大多致力於通過參照下列各項而識別可能出現的主要危害：

（a）由執法機關印製的指引

（b）意外統計數據

（c）近年完成的審核（如有）

（d）工地探訪中所識別的危害

由於未有檢查工作場地，致使對危害未加察覺的現象，毫無疑問顯示了有關安全政策及／或作業方式的無效能。

（5）估計有關完成ISR及PHA中確定的工作安全及健康事宜對機構在財政及其他資源調配上的影響。

（6）編制初步狀況分析（差距分析（Gap Analysis））報告，以作為發展安全管理制度的一項基準。

5.5 略述管理制度各項元素於安全計劃中

有關工作小組將會與所有部門／項目經理緊密合作，以確保整體安全管理制度獲得適當協調，而於局部層面得到有效實施。差距分析報告中得出的研究結果，將會形成制度的以安全及健康為目標的整體公司安全計劃。小組現在應創作支計劃 —— 即不同地區或地盤的項目／部門的安全計劃。此等支計劃應已包含有待完成的特定工作、獲指派該等工作的人士以及目標完工日期。

問題

(1) 機構中應由誰對職業安全及健康負責？

(2) 中央／公司安全委員會有何功能？

(3) 一項初期狀況分析（檢討）應與那些方面作比較？

(4) 應如何處理差距分析報告所得的結果？

6 發展安全管理制度

制度發展過程中涉及的4個步驟：

    （1）制定一套安全政策

    （2）確保該政策包含了各項承諾

    （3）制備相應的安全計劃

    （4）傳達和檢討安全政策

6.1 制定一套安全政策

機構管理層應訂定和擬備文件，列明其安全政策及策略目標，並確保它們：

    （1）與任何母公司(如適用)的安全政策及策略目標一致；

    （2）與機構的活動、產品及服務以及它們對安全及健康的效果有關；

    （3）與機構的其他政策一致。

6.2 確保安全政策包含了各項承諾

許多機構的安全及健康制度均遭遇同樣問題，就是欠缺各級管理人員的領

導。他們經常懷疑安全及健康管理對其機構成就的重要性。故此一項明確的政策，輔以一項完善計劃以及必需的如財務和資源上的支援，將會為設定承諾達致安全及健康目標提供了途徑。

安全政策最低限度應包括下列承諾：

（1）以符合法律規定為最低標準而致力在職業安全及健康方面達到高水平，並務求符合最佳的行業常規，以及不斷改進；

（2）提供足夠資源以實施該政策；

（3）把職業安全及健康管理定為各級管理人員的首要任務，從最高級的行政人員至前線督導員一律適用；

（4）確保機構各級人員均了解、實施和維持該政策；

（5）確保得到僱員參與和提供意見，以爭取他們對政策及其施行作出承擔；

（6）確保對政策及管理制度進行定期檢討，以及

（7）確保各級僱員均受過適當訓練，並有足夠能力履行其職責。

6.3 制定相應的安全計劃

安全政策及目標確立後，機構應當隨之設計一系列措施，以達成此等目標。這一系列措施是將政策付諸實行所需的計劃元素。此等計劃元素於不同機構會有所不同，得視乎例如組織架構、營運性質及風險水平等因素而定。要執行此等計劃元素，管理層應制定有效的安全計劃，具體訂明：

（1）一個清晰的方向與一系列的措施，以供遵行，從而達成該安全政策的目標；以及

（2）清晰的指引，讓經理和工人可攜手合作，實現安全政策的目標。

一般而言，計劃元素應與安全政策的目標相連繫。舉例來說，假如一項政策目標是找出所有危害，相關的計劃元素便應包括安全視察計劃以及風險評估。這方面須符合法律要求的有14項元素。

要有成效，計劃應訂明：

(1) 安全及健康責任的分配制度；

(2) 有待履行責任的安排；

(3) 執行安全管理制度的各項元素的安排；及

(4) 監察制度成效的安排。

6.4 傳達及檢討安全政策

安全計劃應由各級管理層負責組織在安全及健康事務員工的忠告與協助下設立。所有經理、督導員及工人均應認識該安全計劃，以及他們在實施該計劃時所擔當的角色。為此，一個有效的溝通制度應予設立。

最後，有關方面應定期檢討安全計劃。

問題

(1) 何謂安全政策？

(2) 何謂安全計劃？安全計劃應包含些甚麼？

(3) 安全計劃應由誰制備？

7 組織安全管理制度

制度組織過程中涉及的9個步驟：

    （1）職業安全及健康完全整合到所有機構活動

    （2）撥備足夠的財政預算

    （3）分配安全及健康責任

    （4）成立和運作安全組織

    （5）分配履行責任的權力

    （6）委派一位最高管理人員專責職業安全及健康事務

    （7）發放職業安全及健康的資料

    （8）讓員工參與

    （9）安排訓練及提升才能

7.1 職業安全及健康整合到所有機構活動

    經理及督導員可透過管理整體職務，有效履行本身的各級管理人員安全及健康責任。製造業企業的整體職務包含生產力、質量、環保，以及職業安全及

健康。職務各方面一定要同時而非分開管理。每項職務一旦納入安全及健康守則，督導員便可更有效監察所指派的職責。透過整體職務方針，所有管理及督導職責均可有效履行，從而達致機構的目標。

7.2 撥備足夠的財政預算

至於各項管理及控制措施，則需預付有關引入並實施安全管理的費用。這些極顯明的費用，常常被視作實施的障礙。然而，經証明，只要正確計劃及行事，所帶來的利益足可抵償以上費用有餘。實際上，每個機構需要制定有關實施安全管理的成本計劃—預算。有關的成本分作以下幾類：

（1）成立政策及整體安全管理制度

（2）工作場地 / 項目的安全管理及組織

（a）督導

（b）專業

（3）工作場地 / 項目的安全及健康費用

（a）介紹及訓練

（b）推廣及宣傳

（c）獎勵計劃

（d）個人防護裝備供給

（e）監察及視察

（f）審核及表現量度

（g）事故 / 意外報告

（4）行政費用

（a）合約文件

（b）安全計劃

（c）工地監察及控制

7.3 分配安全及健康責任

如果缺乏有效的執行組織，安全計劃縱使天衣無縫，亦只會失敗告終。各級管理層負責組織負責各項運作，所以有責任成立有效的組織。各級管理層負責組織須闡釋本身的安全及健康責任，而每個人在組織內均擔當重要角色，並須對獲指派責任負責。

7.4 成立和運作安全組織

每項運作一般都有三個安全及健康組織：各級管理層負責組織（安全董事為安全及健康負最終責任）；公司／中央安全委員會（統籌一切組織活動）；以及安全及健康事務職員組織(安全部門／單位／組別、安全主任／顧問向各級經理及公司／中央安全委員會提供建議和協助)。

圖6 安全組織的類別

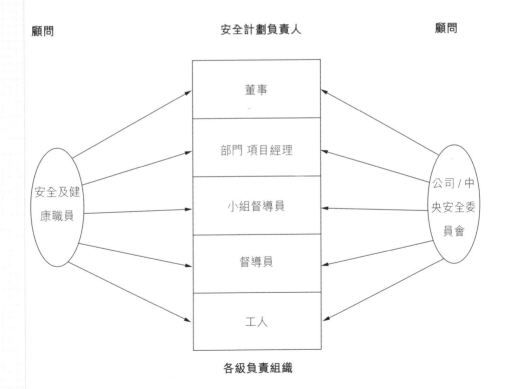

7.5 履行安全及健康責任的權力

在指派職務方面，要考慮當事人的權責所限。例如，保證所有器材均獲適當維修保養一點，前線督導員若在維修保養預算和時間表方面沒有權責，則不能單獨肩負此責。所以，必要制定適當的授權程序。

7.6 委派最高管理人員專責職業安全及健康事務

當事人的職銜可稱為防損董事、控損管理人、安全董事等等，負責保護僱員和公眾人士，免招損害。當事人的基本職責如下：

(1) 識別風險

(a) 制定識別風險的方法

(b) 識別機構所招致的經濟損失

(c) 檢討及闡釋安全報告和其他有關資料

(2) 發展及實施安全計劃

(a) 發展安全政策、程序和特定計劃，防患未然

(b) 檢討安全計劃，確保不會過時並能滿足需要

(3) 量度計劃成效

(a) 發展量度工具，以決定計劃成效

(b) 發展量度工具，以決定成本減縮

7.7 發放職業安全及健康的資料

安全政策應作為制定公司／工地特定安全計劃及目標的基準。安全政策應在機構的管理制度內公然施行，當中包括：

(1) 所有新僱用及在職員工，跟督導員公開討論安全計劃內容與本身職責的關係後，應做到安全政策人手一本；

(2) 安全政策應展示於機構處所內當眼之處。

有關法例和工作守則須分派給負責執行法定要求的經理。同時，參考文件的內容應保持最新及備用。至於特別與危害性活動有關的資料和材料，更應隨時可供人員參閱。

7.8 讓員工參與

於起始、策劃、決策及實施各階段，都要有員工參與。假如管理層沒有抽空讓員工真正參與安全制度或工序，日後就此向員工試作推銷將會更加費時失事。員工一旦並無參與其中，將來莫望委身投入。安全委員會和工作小組乃讓員工參與的最佳途徑。

7.9 安排訓練及提升才能

安全管理制度或計劃成功的條件包括：各督導員及僱員必須知道獲指派工作的履行方法，明白各項工作的落實方式，並能按規定執行獲指派工作，同時每項獲指派工作可以且必須安全地執行。僱員訓練屬於各級管理層的責任。根據統計數字，新僱員若接受強差人意的訓練，便更容易招致嚴重受傷。

問題

(1) 何謂整體職務？採用這方法的優點何在？

(2) 安全董事的基本工作是甚麼？

8 實施安全管理制度

制度實施過程中涉及的3個步驟：

(1) 確立程序

(2) 擬備制度文件

(3) 制定緊急應變計劃

8.1 確立程序

制定程序，以便：

(1) 實施安全計劃，以控制已知風險，並遵從法律規定及其他有關安全管理的規定；

(2) 通知僱員，由高級管理層下達工人及安全計劃相關內容所涉及的其他有關人士；

(3) 督導及監察，以確保計劃行之有效。

機構應依據製造或建造工作進行系統化的初步危害分析去確立安全有效的工作程序和作業方法，並且就各項工作階段預留充裕時間。同時，確定各項職業安全及健康危害，並訂立安全工作系統。若要進行高風險活動，則必須擬備詳盡書面安全程序，以及確立所需的控制和管理制度，例如工作許可制度。

各機構定有下列三套安全及健康計劃：

    （1）書面訂於安全計劃和程序的計劃；

    （2）經理與督導員認為備妥的計劃；

    （3）實際規管工作場地行為的計劃。

只有工作場地計劃是在已知安全規則和程序情況下，明悉、依循並執行方案的計劃。因此，亦是須有效實施控制的計劃。但是工人不一定是按安全規則或程序行事，而是按本身認為督導員真正所想的，付諸行動。因此，實施工作場地安全規則和程序，繫於督導行動。同樣地，督導行動／控制則繫於經理領導。

8.2 擬訂制度文件

良好的管理實踐，在於保存紀錄，用以紀錄和監察政策和計劃的實施進度。對於某類文件，法律有所規定。資料可包括以下各點：

    （1）檢查表及工作紙；風險評估方法細節；

    （2）所行預防風險措施細節連同其成效評估；

    （3）檢討制度成果；及

    （4）急救與意外報告。

職業安全及健康問題所牽涉的合約事宜，應先行研究，才擬備合約文件。所用合約策略，必須確保承建商就遵行安全計劃方面負有獨立責任。

8.3 制定緊急應變計劃

為了維持高度的應變準備，策劃緊急應變程序以應付：所需的急救、救援、逃生辦法、通風、挖掘倒塌、起重裝置及機械故障等，從而保障本身／其他僱員及公眾人士。同時策劃緊急應變程序的訓練。制定緊急應變程序的測試計劃，並擬備改正行動的緊急應變計劃，例如遏止危害性物料洩漏。

問題

    (1)   何謂實施安全管理制度？

    (2)   怎樣使安全程序和規則收效？

9 量度安全管理制度

量度制度過程中涉及的6個步驟：

    （1）進行主動性監察

    （2）監察人員的安全及健康表現

    （3）執行反應性監察

    （4）找出低於標準表現的原因

    （5）糾正低於標準的情況

    （6）回輸資料以改善制度

9.1 主動性監察

　　就每項安全元素而言，應制定量度表現的標準，以檢視符合法律規定的程序及現行有關安全及健康的安排是否有效達到安全政策的目標。這些標準須顧及到有關的法律規定，並以書面形式確立，確保其一致性及為各有關人士明白並遵守。同時，應確認何人何時所作何事，以及所得結果，並運用於：

（1）處所、工作場地與環境控制；

（2）設備裝置和物料、採購、供應、運輸、貯存和用途；

（3）程序、職務及工作方式的設計；

（4）人員、訓練與監督；

（5）產品和服務、設計、送遞、運送及貯存。

主動性監察（如監察和視察）可偵察違反安全規則和程序的不安全作業方式與情況。另應釐定違規的理由，並建議有效的改正行動，以消除有關問題。

9.2 監察人員的安全及健康表現

另要確立問責制度，有助緊密監察每名人員的安全及健康表現，亦可確保各經理承諾達致安全及健康目標。應設定確立問責制度的方法，主要用於量度安全表現的日漸改善，為達致這方面，可以透過監察內部標準、程序及改正低於標準情況的措施。

要求各經理對職務負責的最佳方法是：

（1）將各項安全責任及表現目標納入所有職務說明內；

（2）註明將如何量度表現；

（3）發展程序以確保在評審表現及檢討薪酬時，安全及健康事務表現會被列入考慮。

9.3 執行反應性監察

受傷和疾病等反應性資料，極有助識別危害及採取行動，以改善工作間的安全及健康。同時，進行反應性監察，例如監察意外、危險事故、健康受損以及其他安全表現指標，以衡量風險控制系統的成效。

9.4 找出低於標準表現原因

應召開定期安全會議，以找出低於標準表現的直接原因以及找出在設計及運作安全管理制度的相關根本原因及含意。工作包括：

（1）檢討安全及健康統計數據；

（2）評核職業安全及健康控制措施的運作成效；

（3）定期作報告，包括危險事故及其他可供借鏡事件。

9.5 糾正低於標準的情況

就評核持續性活動的結果而發展檢查表及行動表，糾正任何在監察、程序中找出低於標準的情況。

9.6 回輸資料以改制度

量度階段就安全管理制度的發展與實施各階段，不斷提供「回應」安排，及有助鞏固並保持將風險減至最低的能力，同時又確保安全管理制度的持續效率、效能和可靠性。

問題

(1) 何謂量度？量度怎能在安全管理制度內發揮功用？

(2) 何謂主動性和反應性監察？我們為甚麼需要兩種量度安全管理制度的監察？

10 對安全管理制度進行安全審核或查核

制度安全審核或查核過程中涉及的4個步驟：

（1）委派人員定期進行安全審核或安全查核

（2）向安全審核員或安全查核員提供設備、資料等

（3）就提交的安全審核或安全查核報告採取所需行動

（4）不斷把安全審核或查核的結果回應到策劃、發展、組織及實施的階段

10.1 委派人員定期進行安全審核或安全查核

監察提供了檢討各項活動並決定如何改善表現的資料。透過檢視安全政策、組織及各制度是否確實達致可確保安全管理制度能持續下去的良好結果，安全審核或查核能補充監察方面的能力。

《工廠及工業經營（安全管理）規例》中附表3（見22頁表4）所指明的第1或第3類東主或承建商，應委任一名註冊安全審核員以進行安全審核。一名註冊安全審核員指一名註冊為安全審核員，並進行或提出進行安全審核的人士。符合上述規例附表一的要求的人士，則有資格註冊為安全審核員，如果審核員是東主

或承建商的僱員，該安全審核員應無需執行會對審核進行構成影響的其他工作。

《工廠及工業經營（安全管理）規例》中附表3（見22頁表4）所指明的第2或第4類東主或承建商，應以經認可形式委任一名安全查核員（可以是東主或承建商的僱員）進行安全查核。一名安全查核員是指一名按上述規例規定，被委任進行安全查核的人士。

安全審核是指作出安排，以收集、評估和核證某職業安全及健康管理制度在效率、效能及可靠程度方面的資料（包括14項元素），以及考慮對該制度作出改善。根據上述規例，建造業東主或承建商須至少每六個月進行審核一次；其他情況的東主則至少每十二個月，或按勞工處處長書面指定的較短期間審核一次。

安全查核是指為查核某項安全管理制度（包括8項元素）的效能和考慮制度在效能方面的改善而作出的安排。安全查核員的任命通知應展示於當眼地方。根據上述規例，建造業東主或承建商須至少每六個月進行查核一次；其他情況的東主則至少每十二個月或按勞工處處長書面指定的較短期間查核一次。

10.2 向安全審核員或安全查核員提供設備、資料等

在決定審核範圍和建立審核準則等方面，東主或承建商應與安全審核員充份合作。適當的設備如會客室、合適的個人防護裝備及測試器材等亦應提供，以供安全審核員於審核過程中使用。此外，包括組織架構表、安全委員會會議紀錄、意外調查報告等在內的資料，亦應備用。

10.3 就提交的安全審核或安全查核報告作出所需行動

東主或承建商在收悉安全審核或查核報告後應：

（1）閱讀和加簽該報告，並且紀錄加簽的日期；

（2）在十四天內擬訂一項改善計劃（如該報告載有改善安全管理制度的建議）並在可行範圍內盡快實施該項計劃；

（3）在接獲報告後二十一天內，將報告連同該項改善計劃的文本各一份提交處長；

（4）備存一份該報告及計劃的文本，為期最少5年。

10.4 就提交的安全審核或安全查核報告採取所需行動

審核或查核構成對計劃階段的「回應圈」，使有關機構能夠加強、維持及發展本身的能力，以盡量減低風險，並確保安全管理制度的效率、效能和可靠性得以保持。除此之外，在發展、實施或維持階段與審核／查核階段之間，應有資料的交流，以確保安全管理制度正確地運作。

問題

（1）根據《工廠及工業經營(安全管理)規例》規定，安全審核與安全查核之間有何不同？

（2）你如何理解安全管理規例內提及的效率、效能和可靠性的意義？

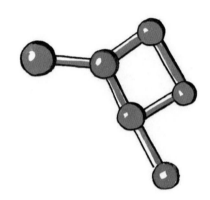

11.1 安全管理制度的14項元素

（1）安全政策

制訂安全政策、說明東主或承建商就工作時的安全及健康所作的承諾。

（2）組織架構

提供架構，確使就工作時的安全及健康所作的承諾得以實行。

（3）安全訓練

提供訓練，以使員工具備安全地及在不危害健康的情況下工作的知識。

（4）內部安全規則

制訂內部安全規則，提供指示，以達致安全管理的目標。

（5）視察計劃

訂定視察計劃，以識別危險情況並定期或在適當時候對任何該等情況作出補救。

（6）風險控制計劃

制定計劃，以識別工人可能遇到的風險或該等風險對工人的危害，並在工

程控制的方法不可行時提供合適的個人防護裝備作為最終解決辦法。

(7) 意外 / 事故調查

就意外或事故進行調查，以找出任何意外或事故的誘因，並發展即時應變安排，防止意外或事故重演。

(8) 緊急情況的應變準備

對緊急情況作出應變準備，以發展、傳達和執行就有效地管理緊急情況而訂明的計劃。

(9) 次承建商的評核、挑選及管控

評核、挑選及管控次承建商，以確保次承建商完全知悉其安全責任並實際履行該等責任。

(10) 安全委員會

成立安全員會，以找出、建議和不時檢討用以改善工作時的安全及健康的措施。

(11) 工作危險分析

評核與工作有關的或潛在的危險，並發展安全程序。

(12) 安全及健康意識

提高、發展和維持工作場地內的安全及健康意識。

(13) 意外控制及危險消除

訂定計劃，以在工人面對任何惡劣工作環境之前控制意外及消除危險。

(14) 職業健康保障計劃

制定計劃，以保障工人免於承受職業健康方面的危險。

11.2 應用管理模式於安全管理制度的個別元素上

管理模式的核心元素包含了策劃、發展、組織、實施、量度及審核 / 查核過程。東主或承建商應把此等模式元素應用於安全管理制度的全部 8 個或 14 個元素上，從而有效地管理其機構內的職業安全及健康事宜。

為說明發展安全管理制度的一項元素的方法，讓我們選擇「內部安全規則」這元素作為例子。在策劃過程中，透過初步狀況分析（檢討）與初步危害分析（風險評估），內部安全規則的需要被識別出。經過對安全政策的目的加以考慮後，所需的內部安全規則將會由中央／公司安全委員會成立的工作小組負責制訂。之後，經向僱員諮詢並經委員會認可後，所需的內部安全規則及標準便可在安全計劃內予以規定。計劃完成後，便應組織相關僱員及資源以實施這些規則。至於量度內部安全規則的遵行程度，應由工作小組根據安全計劃內的既定標準進行。此外，由註冊安全審核員進行的審核或由安全查核員進行的查核（視情況而定）應定期進行，以檢查此項特定元素的效能、效率和可靠程度。量度或查核及審核的結果，將會是寶貴的回輸，有助改善這特定元素在下一個運作循環進行定期狀況檢討程序的整體表現。

問題

(1) 14個元素是否就是安全管理制度？若不是，根據《工廠及工業經營(安全管理)規例》，甚麼是安全管理制度的核心元素？

(2) 應如何把模式應用於「安全訓練」元素上？

12 安全政策

　　安全政策雖是一紙文件，卻說明東主或承建商就工作時的安全及健康所作的承諾。

12.1 如何於工作場地推行安全及健康

　　要經營成功，機構不但需要管理好產品或服務的質素和生產力，環境以及僱員的職業安全及健康亦不容忽視。正如一家機構的任何其他部分，為使安全管理制度有效，管理層的絕對承諾必不可少。職業安全及健康必需與各項管理制度互相整合，以成為運作的一個不可分割部分。

12.2 發展公司安全政策

　　起步點是經向僱員作出諮詢後，就有關機構對安全及健康作出的承諾發展一項簡單聲明。發展此項聲明的工作應由管理層負責。

12.2.1 釋義

廣義而言，「政策」是指一個機構的整體意向、方法及目標，以及其行動與反應所依據的標準和原則。

12.2.2 有效的安全政策

有效的安全政策為機構指明一個清晰的方向，並為職業安全及健康事務確立目的。訂明一項安全政策的目標，是以清晰及毫不含糊的措辭，說明機構的管理層就工作安全及健康所採取的方法及所作出的承諾。

12.2.3 對承諾的要求

（1）清晰承諾建立安全及健康的工作場地，以及將安全及健康與所有機構活動互相整合的聲明；

（2）承諾達致高水平的職業安全及健康表現，並以遵從法例的標準為最低要求的聲明；

（3）承諾提供充足及適當的資源以實施政策的聲明；

（4）承諾把安全及健康管理列為各級經理（從最高級行政人員到前線督導人員）的主要職責的聲明；

（5）承諾確保機構內各級員工均明白、實施及維持該政策的聲明；

（6）強調為了有效實施安全政策目標經理人與工人之間諮詢及合作的重要性；

（7）承諾不時審核及查核政策及安全管理，並如需要時作出修訂的聲明；

（8）承諾確保各級僱員都得到適當訓練，並能勝任他們的職務和責任的聲明。

機構的最高級管理層應訂明並以書面落實及簽署該機構的安全政策。有關安全的詳細說明，則視乎個別機構的具體情況、機構的規模以及政策是屬於公司或某特定環節政策而定。安全政策並應註明期，其文本必須張貼於工作場地內一處所有僱員均可容易看到的地方。

▸ 12.2.4 政策聲明書的內容

一份政策聲明書應包括：

（1）東主或承建商就有關工人的安全及健康的一般政策的聲明；

（2）為實行該政策的責任分配制度；

（3）關於如何執行該等責任的安排。

（請參考附錄2：安全政策樣本）

12.3 發展工作場地安全政策

這是一份勾劃出安全管理制度的供使用文件。此項政策應：

（1）説明如何著手實施承諾；

（2）涵蓋所需的行動並確認由誰人負責；

（3）概述高級管理層、經理及督導員就其僱員的安全及健康所承擔責任與問責問題；

（4）概述安全委員會及各工作小組成員的角色及功能；

（5）概述僱員的責任；

（6）詳述一項具體的行動計劃。

▸ 12.3.1 該政策應涵蓋以下管理層的責任

（1）確保諮詢及團隊工作是各個運作層面的關鍵元素；

（2）設計、採購、安裝及維修安全設備裝置及機械；

（3）發展並實施安全工作系統；

（4）為監察及控制危害性物質提供設備施；

（5）提供足夠的資料、訓練及督導。

▸ 12.3.2 該政策應涵蓋以下每位僱員的責任

（1）遵循安全工作守則、指引及規則；

（2）不錯誤使用或干擾為了安全及健康著想而提供的任何東西；

（3）以確保個人及他人安全及健康的方式執行所有職務；

（4）齊合作以創造一團隊方式，從而讓所有僱員的安全及健康責任得以達成。

▸ 12.3.3 宣傳該項安全政策

（1）於培訓／資料提供時向所有現有及新僱員提供一份政策文本；

（2）於工作場地的顧客／訪客區，以及僱員工作與會面的地方顯著地展示有關安全政策。

12.4 安全政策的檢討

一個有效的安全政策需要不時作出檢討。檢討可以透過量度表現及安全審核或安全查核達致。安全政策應按下述規定接受檢討：

（1）自東主或承建商首次將政策聲明書及其任何修改通知其所有僱員之日起計，每兩年內最少檢討一次；

（2）在更改政策聲明後於可行情況下盡快作出檢討。

12.5 安全政策的格式

（1）應以黑、粗字體及易於閱讀的格式印製；

（2）應採用員工通用的語言表達；

（3）表面看來應與其他公司政策一致；

（4）應採用Ａ3或Ａ4尺碼紙張；

（5）應由機構的高級管理層簽署並註明日期。

12.6 實施安全政策

不論安全政策寫得如何理想或動機如何正確，假如沒有一個安全管理制度將之實行，使其生效，則安全政策將毫無意義。對於一家有多個廠房／工地的機構而言，其安全政策應在整個機構加以反映。但當然，其安全政策應具有足夠的彈性，以容許一處廠房／工地與另一處廠房／工地之間或有的差異。

問題

(1)　安全政策所需的遠不衹於告示板上的一紙文件。一項安全政策應包含些甚麼？

(2)　請建議一些方法以將安全政策廣為傳播。

13 安全組織

　　安全政策需要由人執行，安全組織就是確使就工作時的安全及健康所作的承諾得以實行的架構。

13.1 委派安全及健康責任

　　安全政策一旦制備，清楚界定並委派責任便成為一項有效安全政策的基石。這樣有助確保：

　　（1）政策的目標可與所有機構計劃及目標融為一體；

　　（2）執行政策目標的責任得以清晰委派、傳達，並且為各級人員所了解；

　　（3）法律責任得以訂明；

　　（4）問責制度得以確立；

　　（5）安全意識得到推廣；

　　（6）實際及潛在的安全及健康難題被找出、評估及解決；

　　（7）所需資料得以收集並可定期提供備用。

13.2 組織各級員工

　　執行安全及健康標準，是一個機構各級管理人員的責任，而且必須對之

實行每天例行管理。保障僱員安全的責任不得轉授他人。管理層有需要具體訂明一般性與功能性以及各項計劃活動的責任，並確保經理們及其他僱員對履行其責任負責。透過建立這種組織，安全政策連同安全計劃便能有效能及有效率地得到實施。

13.3 分配安全及健康責任

僱主有主要的法律及道德責任確保工作場地安全及健康。這種責任普通被稱為一般責任。責任的分配應紀錄在案，並清楚列明最終安全及健康責任應由高級管理層承擔。高級管理層須負責確保安全及健康成為機構經營運作的一部分。

13.3.1 安全及健康的一般責任

（1）安全董事

（a）一名來自最高管理層的有關人員應被委派承擔最終責任；

（b）有關如何分配安全及健康的主要責任的文件，應由上述人員簽署並註明日期，該文件亦應定期檢討及修訂，以保持其有效性。

（2）高級行政人員

（a）為經營在安全及健康方面設定目標；

（b）評核安全表現並授權進行改正性行動計劃；

（c）轉授責任／權力；

（d）調配實際資源以達到既定標準；

（e）提供主動支援；

（f）使高級管理層對有關事宜負責。

（3）高級管理層

（a）提供安全及健康的工作環境；

（b）提供充足的資源（包括財務資源）、資訊及訓練；

（c）建立一項制度，以監察安全政策的履行；

（d）確保遵守有關安全及健康的法例；

（e）就安全及健康事宜，與內部安全顧問或安全主任、機構以外的安全顧問、政府部門、職業安全及健康局及其他專業團體聯絡；

（f）提供及維持一個回應制度，以回應安全顧問／安全主任／安全辦事處主管、安全督導員或工人的安全建議，以及政府人員的安全意見；

（g）提供一個有效能、有效率及持續進行的安全及健康推廣計劃；

（h）建立制度，以識別、評估和清除危害，以及控制工作時的風險；

（i）確保發展、維持及修訂工作場地的安全規則、程序及方法；

（j）使各級經理對安全生產負責；

（k）提供主動支援並協助安全委員會或工作小組工作。

（4）各級管理人員（包括經理及督導員）

（a）協助實施安全政策、措施及程序；

（b）協助找出危害、以及評核和控制風險；

（c）監督工人，以確保他們遵從安全及正確的工作程序；

（d）確保就安全及健康事項進行有效的諮詢；

（e）進行安全及健康視察，以檢查安全表現和採取改正行動；

（f）調查工作意外及事故；

（g）參與為工人舉辦的入職及持續安全訓練計劃；

（h）回應安全顧問／安全主任／安全辦事處主管、安全督導員或工人的安全建議，以及政府人員的安全意見；

（i）有效地向工人傳達危害的訊息，並了解最新的安全及健康法例及資訊；

（j）定期向高級管理層呈交有關安全及健康表現的統計數據及報告，除非有關工作已由專責的安全辦事處提供；

（k）與安全委員會或各工作小組合作；

（l）使向他們報告的經理、督導員及工人對相關事宜負責。

（5）工人

（a）工作時遵從法例的規定；

（b）嚴格遵從安全工作準則、程序、指示及規則，並在執行所有職務時，確保本身及工作場地內其他人士的工作安全及健康；

（c）對工作場地內安全措施的效能提供意見；

（d）提供如何改善安全的意見；

（e）向上級報告危害情況，並提供其他員工提防危害情況；

（f）向上級報告工傷，意外及事故；

（g）參與安全訓練、工地安全會議及其他安全活動；

（h）與安全委員會或各工作小組合作；

（i）只在經授權情況下使用機械、器材及物料；

（j）在有需要時配戴個人防護裝備。

（6）安全委員會

（a）至少每三個月開會一次；

（b）監察安全政策；

（c）對危害及推行安全措施的安排進行持續評核；

（d）訂立有關安排，迅速和有效地處理危險工作情況，包括因有工人基於逼切性的危險而拒絕工作所引起的糾紛；

（e）討論及建立機制，排解工人基於逼切性危險的理由而拒絕工作所引起的糾紛；

（f）協助發展安全工作程序和安全工作系統；

（g）審閱意外／事故／健康受損的統計數字，以確定它們的趨勢和監察安全表現，並就其結論向高級管理層提交報告和建議；

（h）審視安全審核報告，並就其觀察所得向高級管理層提交報告和建議；

（i）監察工人的安全訓練是否足夠和有效；

（j）監察工作場地的安全及健康訊息的傳達和宣傳是否足夠；

（k）組織安全推廣活動，如安全比賽、展覽、安全獎勵計劃及安全建

議書計劃；以及

(l) 提供與外界的聯繫，從而獲得外界對安全及健康的意見。

(7) 安全顧問、安全主任或安全辦事處主管

(a) 協助高級行政人員及高級管理層推廣工人的安全及健康；

(b) 為安全委員會及各工作小組擔當顧問；

(c) 協助找出危害及評估工作風險；

(d) 就應實行那些措施以減低或控制危害，向高級管理層或各級管理人員提出建議；

(e) 協助解決工作場地內的安全及健康事項；

(f) 進行安全及健康視察，以檢查公司的安全表現，並向高級管理層或各級管理人員建議改正措施；

(g) 調查意外和事故，並建議改善措施以防止意外或事故重演；

(h) 充分掌握工作場地的安全表現；

(i) 如工作場地的改變可能影響工人的工作安全及健康，應就有關改變諮詢高級管理層，各級行政人員及工人；

(j) 定期向高級行政人員、高級管理層及安全委員會(如適用)報告安全及健康表現。

(8) 安全督導員或安全辦事處主管助理

(a) 協助高級行政人員、高級管理層及內部安全顧問、安全主任或安全辦事處主管推廣工人的安全及健康；

(b) 協助內部安全顧問、安全主任或安全辦事處主管執行其職責。

(c) 監察工人遵守安全準則；

(d) 知會高級管理層或各級管理人員有關工人遵守安全標準的情況；

(e) 推廣在工作場地安全工作；

(f) 定期向內部安全顧問、安全主任或安全辦事處主管報告工作場地的安全及健康表現。

(9) 各工作小組

（a）監督整項獲指派計劃，以確保該計劃能有效減少受傷及疾病；

（b）為整項獲指派計劃制訂並維持一個計劃；

（c）協助各級經理確保所有人員明白如何以安全及健康方式履行其責任；

（d）向安全委員會報告有關進度、難題及建議事項；

（e）與安全部門的職員取得協調，並使其獲派任務與其他工作小組取得協調。

▸ **13.3.2 職能性責任**

（1）**安全辦事處／安全部門**

（a）作為安全諮詢中心及內部安全顧問；

（b）策劃及制訂安全計劃；

（c）就安全及健康事項向高級行政人員、高級管理層及各級管理人員提供建議；

（d）協調各級管理人員實施安全計劃；

（e）就安全及健康的守則、要求及標準向各級管理人員提供建議；

（f）監察安全計劃的實施；

（g）跟進安全事項的糾正行動及核實安全措施的效能；

（h）擔當安全事項訓練員。

（2）**策略性策劃部門**

（a）評估工作場地安全及健康對業務的影響；

（b）進行業務規劃時對有關工作場地安全及健康的法例加以考慮。

（3）**組織策劃部門**

（a）制定工作場地的安全及健康目標及表現指標；

（b）協調工作場地安全政策的發展與實施；

（c）為對安全委員會或各工作小組的建議作回應而指派責任。

（4）**人力資源／人事部門**

（a）把工作對生理及精神方面的要求與個人的生理及精神能力相配合；

（b）評估員工與安全及健康表現相關的合適性及資格；

（c）就安全簡介課程、急救、體力操作、負重搬移訓練等訂定計劃備用。

（5）財務部門

（a）確保有足夠備用資金，以全面實施業務上的安全及健康政策；

（b）保證有備用資金可供安全委員會或各工作小組運用，以推展其工作；

（c）紀錄下各宗意外及疾病的花費。

（6）採購部門

（a）向供應商取得安全及健康資料；

（b）確保所採購物品均符合安全及健康方面的規例及其他有關標準。

（7）營運／生產部門

（a）對生產工序進行工序危害分析；

（b）控制工序危害；

（c）評估工序改變對安全及健康方面的影響。

（8）維修部門

（a）推行完整機械性能計劃，以確保器材及設備裝置得到維修保養，操作性能良好；

（b）訂明維修保養操作程序；

（c）制定維修保養視察時間表。

13.3.3　安全及健康項目責任

要指派一名職員或一個工作小組就安全計劃的發展及實施進行協調，便需要進行責任指派。以下例子顯示了應如何就策劃和發展一項首要工作的分析及程序而指派一個工作小組的項目責任：

（1）發展一份工作清單；

（2）識別出首要的工作；

（3）進行職務危害分析；

（4）發展操作程序。

　　指派責任時，應考慮到該名職員或小組的權責範圍。假如沒有清楚訂明誰有權訂購或購買，一項確保在購買器材、物料等等之前先取得安全資料的採購程序便無法有效施行。

13.4 問責

　　各級經理必須對有效執行其獲派的相應責任以及其中央／公司安全委員會任務負責。應設定確立問責制的方法，以主要用於量度安全及健康表現的日漸改善。

要求各經理對職務負責的最佳方法是：

（1）將各項安全責任及表現目標納入所有職務說明內；

（2）註明將如何量度表現；

（3）發展程序以確保在評審表現及檢討薪酬時，安全及健康事務表現會被
　　　列入考慮。

為了量度表現，有需要：

（1）為每一項安全計劃元素定立標準；

（2）定期檢討該安全及健康計劃；

（3）將匯報的要求註入計劃元素內，例如視察、調查及訓練等方面。

問題

（1）　為何安全及健康是各級管理人員的一項責任？

（2）　應如何分配安全及健康責任？

（3）　使各經理對安全及健康事務負責的最佳方法有那些？

（4）　為了量度表現，制度內應有甚麼？

14 安全訓練

安全訓練提供使員工能安全地及在不危害健康的情況下工作的知識和技能。

14.1 提供安全訓練

　　機構的政策聲明書及安全程序應確保所有僱員對危害、遵守安全工作手則的原因以及他們於維持一個安全及健康工作環境方面所扮演的角色有清楚認識。然而，沒有良好的個人督導和有效培訓以支援書面聲明，安全目的是無法達致的。一項有效的安全訓練計劃將可確保全體僱員均對本身的責任有所認識，並為履行此等責任而作好充份準備。

　　機構應成立一個安全訓練工作小組，以協調整個機構的安全訓練計劃。該小組並非負責進行訓練計劃，而是負責管理並協調該等計劃。該工作小組將協助各級經理，以確定所有人員均明白如何以安全及健康的方式履行其獲指派任務。

14.2 擬訂訓練政策

　　根據一般責任，所有僱員均應受訓，以明瞭其工作涉及的風險，及於工作

場地執行其職務時，不致使其本人或他人的安全及健康遭受風險。機構應有系統地設計，改進或調整其訓練政策，正如以下的自我改良循環：

圖7：訓練系統

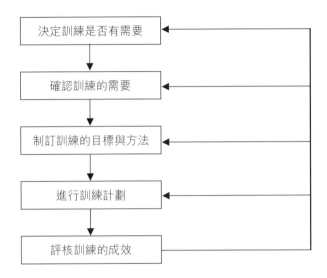

14.3 決定訓練是否有需要

安全管理制度或計劃成功的條件包括：各督導員及僱員必須知道獲指派工作的履行方法，明白各項工作的落實方式，並能按規定執行獲指派工作，同時每項獲指派工作可以且必須安全地執行。僱員訓練屬於各級管理層的責任。根據統計數字，新僱員若接受強差人意的訓練，便更容易招致嚴重受傷。然而，訓練不應取代適當的風險控制，例如對於無有效遮欄的機器，必須控制風險。

安全訓練工作小組將負責檢討與下列範疇相關的訓練計劃：

（1）新僱員；

（2）新規條；

（3）新或經修訂程序；

（4）新或經改良器材、設備裝置、工序或設施；

（5）新物料；

（6）調職僱員；

（7）職務安全分析、工序危害分析；

（8）安全會議；

（9）意外。

14.4 確認訓練的需要

　　僱員應被諮詢有關他們的訓練需要，而訓練亦應在諮詢他們後才加以發展、實施和檢討。訓練的需要有三類：機構的訓練需要、與工作有關的訓練需要及個別員工訓練需要。

▶ 14.4.1　機構的訓練需要

　　為所有僱員而設的訓練應涵蓋：

（1）僱主就職安健作出的承諾以及有關職安健的政策與程序；

（2）職安健法例、規條、為有待執行工作而設的工作手則及安全計劃；

（3）危害識別、風險評估及控制；

（4）個人防護裝備的裝置、使用及維修保養；

（5）緊急應變程序。

▶ 14.4.2　與工作有關的訓練需要

（1）經理的訓練需要

　　（a）領導才能；

　　（b）溝通技能；

　　（c）安全管理的技巧；

　　（d）與安全及健康有關的訓練、指導、教導及解決問題的技能；

　　（e）從一個管理人的角度理解危害；

　　（f）對有關法例和恰當的控制方法（包括風險管理）的認識；及

　　（g）對機構的計劃、量度以及審核或查核安排的認識。

（2）督導員的訓練需要

（a）認識工作場地的危害；

（b）安全視察技能；

（c）就危害選擇並應用適當的控制措施；

（d）調查意外及事故技能；

（e）溝通及解決問題的技能，以鼓勵員工積極參與安全及健康活動；

（f）有效的在職訓練技能；

（g）對有關法例和恰當的控制方法(包括風險管理)的認識；及

（h）書寫清晰而準確的報告。

（3）新僱員與調職僱員的訓練需要

（a）了解他們工作的危害；

（b）對危害採取相關行動；

（c）了解並遵從工作場地諮詢性安排(包括安全委員會等)；

（d）識別出並遵從適用於其工作的程序及內部規則；

（e）識別出並遵從相關的安全及健康法例和工作手則。

（4）安全委員會或工作小組成員

（a）有關法律；

（b）對安全及健康原則作全面檢視；

（c）危害識別；

（d）意外調查；

（e）工作場地視察；

（f）溝通及解決問題的技能，以鼓勵員工積極參與安全及健康活動；

（g）有效會議；

（h）檢討及修訂計劃的需要。

14.5 制訂訓練的目標與方法

訓練計劃的訓練目標與優先次序，可根據職務分析及風險評估來加以訂定。

▶ 14.5.1　訓練計劃

訓練計劃應予以制訂，以滿足機構對職業安全及健康的需要。該計劃應涵蓋：

（1）入職培訓的職安健內容；

（2）有特定責任僱員的特殊訓練需要；

（3）改變職務或責任僱員的特殊訓練需要；

（4）重溫訓練；

（5）經理及督導員訓練；

（6）工作小組及安全委員會成員。

▶ 14.5.2　訓練方法

訓練是一種溝通技能，而訓練方法應顧及以下方面：

（1）受訓人員的工作經驗水平；

（2）性別；

（3）生理缺陷(包括受傷)；

（4）智能殘障；

（5）種族特點及第一語言；

（6）文化水平；

（7）年齡。

訓練的技巧應專為受訓聽眾而設計。訓練的技巧及器材正迅速在變，很多新的並經改良的方法如錄播系統、程式化指導等亦已被採用。為確保訓練計劃有成效，機構必須採用流行的訓練技巧及器材。

14.6 進行訓練計劃

受訓中的僱員不應被要求執行任何工序，因這可使其安全及健康蒙受風險。為確保訓練可適當地進行，有關工作小組應就進行訓練課程而訂立一份培訓時間表，並把責任指派。

14.7 評核訓練的成效

有關工作小組應對安全訓練計劃的成效作例行性評估。機構應指派一名工作小組成員負責檢討安全訓練計劃，就下列計劃範疇作出評價：

(1) 目的；

(2) 質素；

(3) 徹底程度；

(4) 結果；

(5) 僱員及督導員的回應。

機構必須小心確保負責訓練其他員工的僱員為合資格人員，並有效地進行培訓。對導師的資格必須加以檢討。

14.8 訓練紀錄的保存

監察工作包括紀錄誰人曾接受訓練及接受何種訓練。必須保存所有安全及健康的訓練活動的準確紀錄。該等紀錄應在合理可行範圍內盡量包括以下資料：

(1) 訓練日期及時間；

(2) 訓練地點；

(3) 訓練期間的長短；

(4) 訓練的主題；

(5) 訓練的內容；

(6) 導師及其專業知識；

(7) 受訓練者；

(8) 測試成績（如有）。

（請參看附錄3：安全訓練紀錄樣本）

問題

(1) 如何將管理模式應用於發展、實施及維持安全訓練元素？

15 內部安全規則

內部安全規則提供明確指示以達致安全管理的目標。

15.1 制定內部安全規則政策

　　每項職務可以且必須安全執行，以確保工作環境安全及健康。一旦無法以工程方法消除或控制安全及健康風險，可利用行政控制，即引入消減風險的作業方式。為達致這個目標，安全履行每項職務的信念，要傳達到所有經理、督導員和員工。因此，須策劃、發展、傳達及執行內部安全規則。全體員工必須遵守。

15.2 策劃及組織內部安全規則

　　內部安全規則工作小組其中主要職責，是擬備並置存為人認識、了解及易於遵循的內部安全規則。這方面涵蓋一般規則、特定工作規則、特定工作許可證與程序，以及安全施工方案。工作小組成員預計工作如下：

　　（1）檢討規則；

　　（2）與督導員及員工商討規則；

　　（3）監察工作場地，以決定有否遵守規則；

　　（4）向內部安全規則工作小組建議所需規則修訂、訓練或執行。

　　規則如有修訂建議，應以書面提出並載入工作小組會議紀錄。經工作小組

批准的修訂及建議，須交安全委員會作最後審批。一旦安全委員會批准經修訂規則，要指示工作小組統籌訓練計劃，以將新訂或經修訂規則傳達至經理、督導員及員工。

▶ **15.2.1 一般安全規則**

一般安全規則包括向員工發展下列一般範疇的清晰指示：

(1) 設備裝置、機械及器材的安全操作；

(2) 設備裝置、機械及器材的維修保養；

(3) 每個生產過程的正確及安全工序(以書面闡明其工序方法)；

(4) 不同的風險控制制度(包括工作許可制度)的規則及指示；

(5) 個人防護裝備的提供、使用及維修；

(6) 提供、使用及維修安全進出通道的規則，以及交通和設備裝置搬移的規則；

(7) 物料的安全處理及搬運；

(8) 涉及化學物品過程的安全程序，以及處理、搬運和貯存化學物品的安全程序；

(9) 緊急情況的安全程序；

(10) 報告危害的責任及程序；

(11) 報告事故、意外及健康受損情況的責任及程序；及

(12) 工作場地的良好管理。

一般安全規則數目應保持最少。

▶ **15.2.2 特殊安全規則**

某些職務在執行期間存在困難或重大安全及健康風險，而有關風險又無法以工程方式消除或控制，則須發展利用特定安全規則，例如工作許可證、程序或安全工作方法說明，以消減所述風險。

(1) 應付嚴重兼迫切性危險的程序：

（a）上銷程序

（b）單獨工作程序

（c）緊急應變程序

（d）維修保養程序（請參看附錄15：維修保養程序樣本）

（e）操作程序

（2）安全施工方案

概括式的安全施工方案有時在合約招標階段呈遞，但在實際開展工作時，這些方案其實用處不大。因此遇有危害真需要施工方案時就應提供有關的特定安全施工方案。經常接觸的工作一般要求安全施工方案的包括結構鋼材搭建、天台工程及清拆等，當中顯然均不常有安全通達途徑。

（3）工作許可證

就具風險職務制定工作許可證制度，例如非例行工作，當中超過一組工人執行職務。

以下是主要例子一覽表：

（a）「熱」及「冷」工作許可證

（b）電力工作許可證

（c）密閉場地許可證

（d）壓力測試許可證

（e）由離子輻射或放射線照相術許可證

15.3 監察守規

各機構須制定確認一切設施安全規則的安全計劃。計劃文本應存放於各運作單位或部門或工地，並交予具職銜的特定保管人。安全規則工作小組負責檢討、審批及維持安全計劃。所有經工作小組審批的內部安全規則亦須得到中央公司安全委員會審批。為確保遵從這些內部規則，機構應盡職督導本身工人。對於違反規則情況，應制定書面紀律政策，詳列懲罰行動，如口頭警告、書面申斥、停職、降級及（需要時）終止僱用。

15.4 檢討內部規則

　　工作小組應檢討各項內部安全規則,及建議所需更改。同時要置存所有檢討的紀錄。全部經修訂的內部安全規則更新文本,須即送交場地計劃保管人納入場地計劃內。其他工作小組(例如視察和審核工作小組)一旦偵察到違反內部安全規則的不安全作業方式及情況,須就此呈報有關工作小組查辦。

　　準確的安全及健康紀錄,是各項有效安全及健康計劃的重要元素。工作小組須就有關紀錄進行檢討和評核,並作出改善建議。

問題

(1)　管理模式怎樣應用於發展、實施及維護內部安全規則元素方面?

16 視察計劃

　　視察計劃是項積極性監察活動,以識別危險情況並定期或在適當時候對任何該等情況作出補救。

16.1 擬訂安全視察政策

　　每項成功的安全及健康計劃,都建基於有效策劃及進行的安全視察計劃。透過有組織及系統化的視察計劃,確定工作場地危害情況,並預先採取改正措施,以免發生意外、受傷及健康受損情況。機構應發展、實施及定期檢討該視察計劃,以達致以下目標:

(1) 找出那些在設計或策劃期間未能預見的潛在問題;

(2) 找出器材的缺點,例如由於器材的正常損耗、濫用及不當使用而引致的問題;

(3) 找出工人的不恰當行為、不良工作方法等;

(4) 找出工序或原料的變更,因為這些變更可能對工人的安全及健康造成不良影響;

(5) 找出風險評估及意外／事故調查所建議的補救行動的不足之處;

(6) 向管理層提供資料,以便他們評估其機構的安全及健康表現;以及

(7) 展示管理階層的承諾。

16.2 策劃視察計劃

視察計劃應符合任何特定的法例規定，並反映風險緩急次序。經策劃的視察計劃須包括：

(1) 設計完善的視察表格或檢查表，有助視察人員評定欠妥之處的嚴重程序，從而計劃及採取補救行動；

(2) 補救行動摘要表載列事項名稱及完成日期，從而監察改善行動的進度；

(3) 定期分析視察表格紀錄，找出問題的共同特徵及趨勢，以反映整個制度的內在缺點；

(4) 有助決定視察計劃的頻密程度或性質是否需要變更的資料檢查表有助系統化視察設備裝置及工作過程，可作為提示，預測會造成損害的來自設備裝置或關聯的工作系統的一切可能情況或事件。檢查表應涵蓋工作場地的設備裝置、與設備裝置關聯的工作系統，以及視察工作場地設備裝置時所要研究或查看的事態性質。

各級管理層與督導員應跟進視察報告，確保有關問題及其中根本因由已得改正。對於一些個案，如果問題永久解決需時，則中期措施有助預防意外。

一個合適的視察計劃應該顧及所有風險，並應與危害情況相稱。視察行動應集中於成效最大及最能控制風險的範疇。因此，主要風險控制系統及相關工作場地預防措施，相比於低風險系統或管理安排，應受到較仔細或頻密的監察。

16.3 發展安全視察計劃

▶ 16.3.1 誰應視察？

大部份機構的各級經理與督導員，均負責在獲指派工作範圍進行安全視察及監督日常活動。這項安排一般獲得採納，因為經理和督導員都較其他人更了解器材、僱員或有關情況。為加強視察，常見做法是由安全辦事處的安全督導員／安全主任分別每日／每周／每月進行設備裝置或部門／場地安全視察。經識別出的問題，要在安全委員會會議上討論。管理層指派視察職務時，應採取下列行動：

（1）承擔整體責任；

（2）指派特定職責予各級人員；

（3）提供適當訓練予各級人員；

（4）激勵以收成效；

（5）跟進以收成效。

▶ 16.3.2　怎樣視察？

視察行動成功與否，關鍵在於視察檢查表（請參看附錄 4 ：安全視察檢查表樣本）。它有助系統化進行工作。透過風險評估，重大項目可被識別出，而配合一些計劃及基本知識，擬備檢查表並非難事。理想資料來源可能是：

（1）針對工作間安全及健康的有關法例，符合這方面要求是最低的標準；

（2）勞工處就工作間安全及健康所發出的工作守則與指引材料；

（3）國際標準；

（4）最佳行業常規及行業表現；

（5）設備裝置工作人員；

（6）製造商指示和建議；

（7）定期狀況檢討及安全審核／查核內載的受傷或事故資料、危害警示及其他有關報告。

確保視察行動不會錯失事項。視察應分作多個可管理的部份。分拆工作辦法很多，例如：

（1）不同地點（如工廠、地面、辦公室、實驗室、陳列室）；

（2）不同設備裝置類別（如電子產品、器具、機械及固定設備裝置、流動設備裝置、車輛、機動工具）；

（3）不同職能或工序（如行政、煮食、洗濯、清潔、移動、攜帶、印刷、裝訂、沖壓、切割）。

一旦決定了視察場地，應向場地僱員簡介視察計劃。員工是危害資料的理

想來源，理由在於員工日常經驗，且應鼓勵員工參與。同時，應包括各有關僱員、視察或保養以利用或操作設備裝置的人員。

16.3.3 安全視察技巧

經理或督導員踏入視察工作場地後，應停步、觀察及靜聽，維時只需5秒。在此短暫期間，須全神專注工作場地人員舉動，並發問以下三條題目：

（1）員工工作方式是否正確？

（a）就效率而言是否正確？

（b）就質量而言是否正確？

（c）就成本而言是否正確？

（d）就安全及健康而言是否正確？

（2）員工會否受傷或損毀財物？

（3）有否異樣？ 日常例行職務表現異樣，都是意外及個人受傷的主要因由。

上述方法妥善推行，聽易行難。富經驗的生產督導員行經生產機器或工作站時，即可識別出效益損失或生產毛病。憑藉本身的生產技能和訓練，督導員發展出這種「第六感」。同樣的技能和能力，可以調校以至包括識別人員的不安全行動。

16.3.4 視察甚麼？

所需視察的項目如下：

（1）器材

（a）生產與相關器材（鑼機、鉋機、啤機、車床）；

（b）動力器材（蒸汽和氣體引擎、電動摩打、氣動）；

（c）電力器材（開關掣、保險絲、斷路器、接駁器、電纜、外延及固定電纜、接地、連接器）；

（d）手工具（扳鉗、螺絲起子、鎚、動力工具）；

（e）個人防護裝備（安全帽、安全鞋、呼吸器）；

(f) 個人服務及急救設施(自動飲水器、洗手盆、洗眼盆、急救物資);

(g) 防火及滅火器材(警鐘、水箱、灑水器、滅火器、消防龍頭、消防喉轆);

(h) 自動電梯、電動樓梯及手動梯(控制器、繩索、安全裝置);

(i) 工作用表面(梯級、棚架、天橋、平台、吊船);

(j) 處理物料器材(起重機、平台拖車、輸送帶、吊重機、鏟車、鏈、繩索、吊索);

(k) 運輸器材(汽車、火車、貨車、前置設備裝置搬土機、電動車及小型載運車);

(l) 警告及訊號裝置(警報器、過路及閃光警戒燈、警告標誌);

(m) 室內外貯存設施及場地(箱、架、鎖柜、抽屜柜、雜物架、缸、壁柜)。

(2) 物料

(a) 危害性物資及材料(爆炸性、易燃、酸性、腐蝕性、毒性物料或副產品);

(b) 容器(廢紙箱、棄置箱、玻璃瓶、桶、鼓輪、氣罐、溶劑罐)。

(3) 環境因素

(a) 照明、塵埃、氣體、噴劑、蒸汽、煙霧、噪音;

(b) 行人道及通道(碼頭行人道、行人道、走廊、車道);

(c) 結構式開孔(窗戶、門戶、樓梯、各種洞口、地面出口);

(d) 樓宇及構建物(地層、天台、牆壁、圍牆);

(e) 地層(車場、馬路及行人道);

(f) 裝卸及裝運平台。

16.4 組織

指派視察工作小組統籌安全視察,是要確保進行有效視察,以達致安全及健康的工作環境。所要研究的一些活動如下:

（1）例行檢討一切有關安全視察成效的統計數據；

（2）突顯重複出現的問題事項及安全委員會會議並未妥善改正的問題事項；

（3）分析決定安全視察方面重複出現事項的因由。建議消除這些事項因由的方法，例如引入經改良的工程控制措施、經改良的員工安全訓練計劃，以及改善執行內部安全規則等；

（4）向運作小組強調有必要妥善保養器材，以及確保遵循安全工作守則及程序。

16.5 實施

每次視察完畢後，必須提交清晰的書面報告。報告應指明部門或場地或工地的名稱、視察日期時間、找出的特定危害、所建議行動或改正以及解決問題的期限。

16.6 檢討

安全視察若無妥善跟進，成果將不大。所以視察工作小組的其中一項主要職責，是監察所有安全視察，並確定缺失即獲改正。為達致這目標，工作小組必須安排人員收悉所有視察報告。工作小組主席應指派個別成員負責跟進特定視察報告。這些個別人員應到訪經視察場地，並要求負責的督導員就所採取的改正行動提出證明。

問題

(1) 視察工作小組應作何事，以確保有效安全視察定期進行以達致安全及健康的工作環境？

(2) 有效的安全視察計劃包含些甚麼？

(3) 請設計在閣下本身工作場地監察安全視察的程序？

17 風險控制計劃

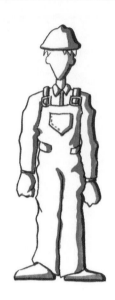

　　風險控制計劃以識別工人可能遇到的風險或該等風險對工人的危害，並在工程控制的方法不可行時提供合適的個人防護裝備作為最終解決辦法。

17.1 制定風險控制計劃政策

　　管理職業安全及健康的主要步驟，是識別出一切危害，並評估影響安全及健康的一切風險，以及發展與實施有效控制措施。控制風險不僅是發放保護衣物及器材給員工。應遵從的控制措施次序（控制措施的等級制度）如下：

　　（1）以取代或隔離方式消除風險；

　　（2）採用工程控制方法；

　　（3）採用安全作業方式及行政控制措施；

　　（4）使用個人防護裝備。

　　顯而易見，管理層應設計一安全及健康的工作環境，辦法是評核工作環境的一切危害、評估控制需要，及控制或消除危害以保障工人。有關危害控制計劃政策指研究工作個案分析。對於無法以工程或行政控制方法消除的工作環境

危害，個人防護裝備成為最後的保障。

17.2 識別工人可能遇到的危險

▸ 17.2.1 危害的可能種類

（1）可能出於下列理由而導致受傷的設備裝置：例如纏繞、壓碎、墮陷阱、切割、刺傷、刺破、剪切、磨蝕、撕裂或拉伸。

（2）可能出於下列理由而引發危害情況的設備裝置：例如加壓內含物、電力、噪音、輻射、磨擦、震盪、火警、爆炸、溫度、濕度、蒸汽、氣體、塵埃、冰、冷熱部件。

（3）出於欠佳人體工程設計而導致受傷或健康受損的設備裝置。

▸ 17.2.2 危害的可能源頭

（1）狀況

（a）設備裝置的一般狀況如何？機齡多少？維修保養紀錄如何？

（b）設備裝置使用頻密程度為何？是否經常使用或甚少使用？

（2）合適性

（a）設備裝置怎樣適合於本身原定用途？是否正在確實供作原定用途？若否，該非原定用途有甚麼危害？

（b）設備裝置用料合適程度為何？

（c）設備裝置配件合適程度為何？狀況如何？

（d）設備裝置支撐力度怎樣？是否穩定？會否翻側？

（e）如果設備裝置原定用作提舉及搬移人員、器材或物料，這方面能力如何？有否有效支撐負載物的支援系統？

（3）地點

（a）研究設備裝置對工作場地設計及佈局的影響，以確保不會影響所在場地的安全；

（b）研究環境狀況的事項，以及可能影響設備裝置的地形；

（c）研究設備裝置對附近其他人士及其他設備裝置的影響。

（4）異常情況

（a）可以預見甚麼異常情況、運作情況使用不當或波動不定？

（b）會否高空襲物？

（c）設備裝置發生故障會有何影響？會否導致內含物損失、負荷損失、工作物非故意彈出？

（d）設備裝置會否無意中移動或運作？

（5）工作系統

（a）設備裝置與甚麼工作系統相關聯？它們會否造成任何危害？

（b）進出設備裝置有甚麼安排—例如於運作期間的、維修保養方面的、於緊急情況的？

（c）設備裝置的安全是否依賴操作人員勝任能力？

（6）現行控制措施

（a）所指甚麼？收效如何？

17.3 提供個人防護裝備作為最終風險控制措施

有關第17.1項清單開首所列的控制措施，發揮更佳、更持久效果。清單後尾部分的措施則較難維持，並應視作臨時措施，直至可採取較佳行動為止。控制措施並非相互排斥。採取兩種或以上措施或會較合宜。當工程控制的方法不可行時，可提供合適個人防護裝備作為最終解決辦法。

在採取安全控制措施的等級制度中，應經常把使用個人防護裝備視為「最終解決辦法」。在以下情況，個人防護裝備方適用：無即時可行方法以更適當措施（工程或行政控制）控制危害、遇緊急狀況，或作為臨時措施而同時正設定更多的有效解決辦法。

個人防護裝備包括：

防護	個人防護裝備
呼吸器具	口罩、供氣呼吸器、空氣清新獨立呼吸器具，包括水底適用
手部	手套、四指相連手套、袖套、護膚脂
眼部	安全眼鏡、眼罩、太陽眼鏡，面罩及夾式眼鏡
頭部	安全頭盔
腳部	安全鞋、防滑或防靜電鞋履
聽覺	耳罩、耳塞
一般	大褸、實驗室外套、熱力或化學防護衣物、防護袍及背心、反光衣、防曬帳幕、救生衣及安全帶

使用個人防護裝備的主要弊端如下：

（1）個人防護裝備無助消減危害；假如裝備因故失靈，工人可能因此身處危害境況；

（2）個人防護裝備只保障配戴人士，而控制源頭風險的措施，則可保障工作場地的每位員工；

（3）在實際環境中，個人防護裝置很少會達到其理論上的最高保護程度，而且，實際的保護程度也很難作出評估；

（4）個人防護裝備只在作出適當選擇、正確配戴、妥善維修及使用時，才可發有效的保護作用；

（5）使用個人防護裝備會在某程度上限制了配戴者的活動或視線。

17.4 策劃個人防護裝備計劃

▶ 17.4.1 需用個人防護裝置時要考慮事項

個人防護裝備在以下情況或屬必需：

（1）作為臨時措施，而同時引入新控制措施；

（2）遇有緊急情況，例如設備裝置故障；

(3) 當間歇性職務(如維修保養)須短暫進入受污染場地；

(4) 當危害非定期發生，以致其他控制措施不可行；

(5) 當以其他方法適度控制危害的技術上不可行；

(6) 法例規定。

▶17.4.2 進行個人防護裝備風險評估

由於應用有限，個人防護裝備應常視作控制風險評估次序中的最後解決辦法。一旦個人防護裝備建議作為防範措施，則必須在每次遇到風險時使用。

▶17.4.3 個人防護裝備政策

有關政策應述明個人防護裝備的需要和用途。同時，可載述使用個人防護裝備的例外情況或限制。至於安全使用個人防護裝備方面，使用者有必要接受有關選擇、使用及保養的適當指導。督導員和工人亦應接受合資格人士的指導。

▶17.4.4 適當選擇個人防護裝置

建築地盤等的工作狀況大多是，縱使在項目規劃工作設計已有一切防範措施，仍需一些個人防護裝備保障工人，包括頭盔、聽覺及眼部保護、安全鞋、安全帶及手套等。應考慮事項如下：

(1) 特定情況的法律規定；

(2) 個人防護裝備的原定用途；

(3) 生產商的產品標準；

(4) 個人防護裝備的設計(配合人體工程原則)；

(5) 配戴者和使用者對個人防護裝備的接受程序，以及假如其他個人防護裝備一併使用時，兼容問題等；

(6) 若干呼吸防護裝備可能對使用者造成更大生理負荷；

(7) 使用者身體健康，適合使用個人防護裝備。

如果準備使用個人防護裝備的人士，獲准從多種預選符合職務要求的款式中，選出個人防護裝備，則可克服大部分對改變的抗拒。

▸ 17.4.5 個人防護裝備的充足供應

東主或承建商須確保個人防護裝備(包括替換物品及零件)充足供應。同時，應採取措施確保僱員、次承建商僱員及訪客持續獲足夠的個人防護裝備。

▸ 17.4.6 妥善使用、保養及貯存個人防護裝備

所有個人防護裝備應在使用前後查驗。同時，按日期紀錄全部視察行動，並以圖表列示結果。督導員及工人須遵照生產商就視察、所供應零件的維修保養更換等所作出建議。

▸ 17.4.7 執行

採取措施(包括督導)確保工人適當使用個人防護裝備。僱員須明白個人防護裝備的用途，並可能面對某些激進的紀律行動，包括暫停工作以至解僱。

▸ 17.4.8 適當訓練

個人防護裝備訓練計劃應列出下列各項：

(1) 描述工作環境存在甚麼的危害及／或情況；

(2) 就此危害已採取、可採取、或不可採取的行動；

(3) 為何選擇了某類個人防護裝備；

(4) 個人防護裝備的性能及／或限制；

(5) 展示怎樣使用、調校、或切合個人防護裝備；

(6) 練習使用個人防護裝備；

(7) 組織政策及執行；

(8) 確定個人防護裝備的毛病及呈報損失或毛病的安排；

（9）怎樣發放、維修保養、清潔個人防護裝備。

保養個人防護裝備應包括(在適當情況下)清潔、消毒、查驗、更換、維修及測試。

▸ 17.4.9 監察

工作小組應檢查危害控制計劃的成效。檢查個人防護裝備須包括行政計劃的一切事宜。個人防護裝備需要端視現存控制系統。個人防護裝備計劃應包括紀錄下列各項：

（1）選定個人防護裝備的過程；

（2）維修、清潔及貯存個人防護裝備；

（3）評核使用個人防護裝備的體力；

（4）確保妥善使用個人防護裝備的督導方法；

（5）訓練妥善使用個人防護裝備。

工作小組應檢討實際個人防護裝備用途的書面計劃及觀察。同時應清楚釐定保養責任，連同所須遵循的程序細節及次數。監察的結果可於用提供回饋資料，有助檢討個人防護裝備的選擇。

問題

　　(1)　為何提供適當個人防護裝備是控制措施等級制度中的最終解決辦法？

　　(2)　甚麼是控制措施等級制度？請就每個控制層次提供一個控制措施例子。

18 意外 / 事故調查

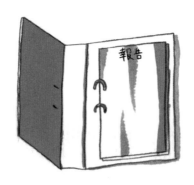

　　意外 / 事故調查就意外或事故進行調查以找出任何意外或事故的誘因，並發展即時應變安排以防止意外或事故重演。

18.1 擬訂意外 / 事故調查政策

　　所有意外 / 事故，不論受傷嚴重程度或財物損毀多寡，均須調查，就防範意外而言，調查必須查究事實，而非挑剔錯失。調查人員、理事會或委員會不可參與調查得出的紀律行動。意外或事故調查，屬於事件觸發的反應性監察系統其中一環。調查與報告指在確立推出控制措施能否防止意外或事故重演或減低其中影響。

18.2 制定程序

　　至於調查及報告所有意外 / 事故方面，須有一套界定程序。設定調查與呈報表格及檢查表，有助集中重要細節。安全程序應訂明調查所有意外 / 事故的責任。管理層須確保各督導員知曉、了解及遵循所指定程序。

18.3 編配調查人員

　　各級管理層負責組織應負責所有意外 / 事故調查。意外 / 事故工作場地的督

導員會參與調查。至於嚴重意外，管理層、安全專業人員、工程師及工人代表，均會作為調查隊伍成員。

18.4 組織調查工作小組

意外／事故調查工作小組應包括機構各大部門成員。此舉實屬必要，以確保工作小組具備部門運作和程序所需知識。工作小組主要職責是計劃並發展有關機構的意外／事故調查計劃。工作小組成員職責包括下列各項：

（1）意外／事故報告及調查程序；

（2）意外／事故紀錄及統計數字；

（3）意外調查訓練；

（4）意外趨勢。

18.5 制定意外／事故調查計劃

▶ 18.5.1 意外／事故的分類

所有意外不論有否受傷，均須調查。至於進行何種調查，要視乎意外／事故所涉的特定情況。於釐定調查的適當層次時所要考慮的優先次序如下：

（1）招致嚴重受傷的可能性；

（2）意外頻率；

（3）受影響人數。

一旦出現嚴重受傷、健康受損或損失以及可能招致廣泛或嚴重受傷或損失的情況，須全力集中重大事件。

▶ 18.5.2 呈報意外／事故

每宗意外／事故均須呈報及紀錄，主因如下：

（1）按《工廠及工業經營規則》第17條呈報意外及危險事故；

（2）賠償申索以及隨明顯輕微受傷惡化而可能出現的訴訟（《僱員補償條例》）；

（3）執法機關可能提出的檢控，因此可能需要被告證供；

（4）每宗意外／事故當中，可趁機改正一些不足之處，因此意外調查有助確定工作場地的危害及意外／事故成因；

（5）藉一段期間的意外／事故分析，基於經濟及可行角度，突顯及處理其中趨勢及改正行動優先次序等方面。

另要制定程序，以確保全體僱員須呈報所有意外／事故以及「危險事故」（定義見安全法例）。負責急救的人員應紀錄在治療單上，並提示未有呈報受傷人員有必要就此呈報。

▶ 18.5.3 調查意外／事故

對於概述意外／事故調查過程的有效程序，應以書面設定（請參看附錄14：意外／事故調查程序樣本）。同時要用適當的調查表格，紀錄有關即時初步調查的資料以及其後詳盡的調查。所有經理須確保所屬職責範圍內的一切意外／事故均妥善調查、紀錄及採取改正行動。調查行動應包括：

（1）找出導致表現低於標準的原因；

（2）找出安全管理系統的潛在缺點；

（3）從意外事故中學習；

（4）防止事件再次發生；

（5）遵守法例及呈報的規定。

▶ 18.5.4 調查

意外／事故一經發生，須即調查。調查應在一名有合適身份及有關知識以作出權威性建議的人士帶領下進行，完善的調查工作應該是迅速和徹底的，使在事件發生後能盡早採取補救行動。有效的意外／事故調查計劃應包括下列主要元素：

（1）初步處理

（a）確保場地安全

（b）照顧傷者

（c）隔離場地

（2）收集資料

（a）獲取意外描述

（b）紀錄事件次序

（c）紀錄證人審查

（d）重整指控意外處境

（3）檢討制度

（a）檢討工程控制措施

（b）檢討僱員教育

（c）檢討執法

（d）檢討運作程序

（e）檢討安全內部規則

（f）檢討督導性控制措施

（4）推定原因

（a）列明可能因由

（b）釐定可能成因

（5）提出建議

（a）比較結果與適當的法律、工業及機構標準

（b）發展可能的控制措施（依照控制措施的等級制度）

（c）決定最佳控制

（6）落實改進

（a）指派跟進責任

（b）呈交意外調查報告

（c）保證有效督導跟進

▶ 18.5.5 意外／事故報告

不論報告以標準表格或特定書面方式制備（請參看附錄5：意外／事故調查

表格樣本），均應包括下列各項：

(1) 傷者詳情，包括年齡、性格、經驗、訓練等

(2) 發生事件概要，包括地點、時間及現場情況

(3) 意外前事件扼要概括

(4) 調查間所得資料

(5) 證人詳情

(6) 蒙受受傷或損失的資料，特別包括：

    (a) 結果性質

    (b) 傷害嚴重程度

    (c) 管理層對處境的即時反應以及反應成效

(7) 結論

(8) 建議

(9) 支援的資料（照片、圖片以作澄清）

(10) 數據及調查人員的簽署

▶ **18.5.6 跟進建議措施的進展情況，防止意外再次發生**

呈交管理層的意外／事故報告，有助行政人員明瞭各項運作的意外／事故經驗，並藉此對消除或預防意外／事故的進度，提作更佳評核的依據。有關報告有助督導員繼續關注意外預防，及針對特定危害或工作守則而訂出對策。同時亦須與僱員分享意外經驗。負責改正措施的經理，應監察有關進度，直至改正措施全面完成為止。

▶ **18.5.7 意外／事故分析**

擬備的報告須分門別類，收集數據，以便就箇中因由及趨勢提供有用資料。這方面有幾個做法，包括以下列方式分類：

(1) 受傷性質或受傷身體部位

(2) 年齡組別

（3）行業

（4）工作地點或工作組別

（5）所涉器材類別

（6）所出現毛病，例如梯子橫檔斷裂等

（7）跌墮、碰擊、火警或爆炸等誘因

上述各類別每隔一段時期、一年一次或更頻密的標準相隔時間，湊合為總數。圖表呈示方式有助了解。

用作比較的統計數據以頻率、發生率及嚴重率等公認方式顯示。安全主任或各級經理負責依據所收集的意外及事故調查資料，分析統計數據。有關分析有助管理層確定共同起因、特點及趨勢，而這些方面於調查個別事件當中並不明顯。

頻率：

$$\frac{受傷數目 \times 100,000}{工時總數}$$

發生率（於工時數目偏低或欠奉時發揮作用）：

$$\frac{受傷數目 \times 1,000}{期內平均受僱人數}$$

$$\frac{死亡或嚴重受傷數目 \times 100,000}{特定行業所受風險數目}$$

嚴重率：指工時單位中平均損失日數。

工時多以1,000小時為單位，但只要清楚述明，任何合適量度單位都可採用。例如：

$$\frac{損失總日數 \times 1,000}{工時總數（小時計）}$$

18.6 檢討

　　工作小組主管安排人員把所有受傷及非損害意外／事故調查報告，送交工作小組檢討。工作小組取得報告後即進行篩選，選定有大可能需要跟進的特定事故。有關報告然後交給工作小組指定成員跟進。該等成員接著檢討上述報告，並與意外發生所在工作場地的督導員與僱員商討當中結論與建議。工作小組檢討結果會報知意外／事故發生的部門主管及公司安全委員會。

問題

(1) 「不慎」一詞是否足以構成意外報告的唯一結論？

(2) 從香港政府統計數據找出貴行業的發生率，並與貴機構作一比較。這方面的認識是否有幫助？

(3) 利用及比較意外統計數據(尤其是不同國家之間)的難處何在？

19 緊急情況應變準備

緊急情況應變準備是要發展、傳達和執行有效地管理緊急情況的計劃。

19.1 擬訂緊急情況應變準備政策

縱使備有最理想的安全和健康計劃，仍有可能出現一些緊急情況。管理層須預備應變計劃，就下列各項制定策略：

(1) 發展有效的緊急情況應變準備程序，以保障人員、財物及環境；

(2) 獲取所需紀錄，以保障機構業務，或減低緊急情況的影響；

(3) 以其他方式供給客戶，直至有關工序再次運作為止；

(4) 修補損毀，包括確定可勝任的供應商和承建商。

19.2 確定潛在的緊急情況

緊急應變計劃過程的第一步，始於決定甚麼危害會影響機構。威脅機構的危害程度，因應地點、生產／工程工序及作業守則而異。要有效控制危害，必須即時確定緊急情況。需特別評核的緊急情況包括下列一些特徵：

(1) 潛在損害或損毀；

(2) 時間性—緊急情況通常在可能最壞的時間發生；

（3）所牽涉的；

同時應制定一份潛在緊急情況表，例如火警、電擊、水災、爆炸、危害性化學物洩漏或釋出、爆炸性氣體內外洩漏、個人受傷及健康受損、設施／器材所受重大破壞等。

19.3 計劃緊急應變措施

下一步是就人員，環境及財物所受潛在損害作出評估及安排緩急次序。至於發生時間及輪值模式，是評估潛在損毀所要考慮的其他因素。有關計劃應計及在無人或只有一名骨幹人員當值的周末或假日期間可能出現災難所帶來的影響。

各機構計劃緊急應變措施設定，須滿足個別機構的特定需要。機構發展緊急應變計劃時，應注意下列事項：

（1）確定及評核潛在危害；
（2）評估對人員、財物及環境及潛在損害；
（3）估計動員執行計劃所需警告時間；
（4）釐定組織運作所需改變；
（5）考慮處理緊急情況需要甚麼電源和公共設施。

19.4 組織

機構應成立並維持對可預見緊急情況訓練有素的緊急應變計劃委員會或工作小組。同時按有關潛在緊急情況的情況和專才，揀選並委任委員會或工作小組的成員。有關委員會或工作小組須發展行政程序，涵蓋管理職務、緊急指揮中心、所需設施和器材及其他支援服務。另須建立及維持有效的通報系統，以便向隊伍成員及其他人員警示緊急情況。

19.5 制定緊急應變計劃

一般而言，緊急應變計劃會列明在緊急情況發生之前、期間及之後，誰人在何時何地所作何事及經過。在適合情況下，緊急應變計劃須包括下列各項：

(1) 溝通及協調

(a) 警報系統；

(b) 報告及宣布緊急情況的程序，並和在緊急情況結果後，宣布回復正常狀態；

(c) 在緊急情況下要聯絡的有關機構：外間緊急應變服務(如警察、消防處)、法定機構(如勞工處、海事處)、以及毗鄰機構和公眾(如居民、傳媒)。

(2) 控制

控制中心─地點及資源(如：無線電設備、紀錄、工程繪圖及所需的支援人員名冊等)；

(3) 執行

(a) 處理各類緊急情況程序(請參看附錄13：危害性物料洩漏處理程序樣本)；

(b) 疏散程序、路線圖及安全集合地點；

(c) 危害性物料的確定和定位以及確定所需緊急應變措施；

(d) 重要紀錄、器材、樣本和模型的保護。

(4) 組織及訓練

(a) 處理緊急事件人員的架構

• 緊急應變統籌員

• 緊急情況期間全體人員的一般職務

• 就緊急情況設立的隊伍的職責、權力及職務，包括總控制及前線控制

• 於緊急情況下負上其他特定職務的人員的責任、權力和職務

• 拯救和醫療職務

(b) 在疏散前須留守崗位以執行緊急操作的員工的工作程序；

(c) 隊員、工人及職員的訓練；

(d) 緊急事件演習編排表。

（5）器材

應付緊急情況所需的急救設施及設備。

▶ 19.5.1 緊急應變手冊

緊急應變手冊應包括：

（1）緊急應變計劃；

（2）顯示緊急出路、滅火設備的建築物平面圖及分析圖；

（3）主要化學系統圖表，及盡可能包括公共設施線路；

（4）公司的主要人員、警署、消防局的電話號碼；

（5）有資格協助處理特別問題的外間機構名單。

這本緊急應變手冊應備存於一個安全的地方，以便緊急應變人員隨時取閱。

19.6 檢討

緊急應變委員會或工作小組應時刻分析當前緊急應變器材是否足夠，以確保所需器材可供使用和經例行測試，以及有關人員接受使用上述器材的適當訓練。同時須評核一切新設施、器材及工序，以確保找出潛在緊急情況並實施有效控制設施。

問題

(1) 機構內甚麼組別要參與計劃緊急應變措施？

(2) 釐定建築地盤急救需求方面有甚麼考慮因素？

(3) 閣下怎樣處理涉及易燃氣罐的火警？

20 評核、挑選及管控次承建商

　　承建商的管理是為了確保次承建商能完全知悉其安全責任並實際履行該等責任。

　　外判工作的數量,特別是建造業方面,近年顯著增加。次承建商特別是那些小型企業經營者,一般都缺乏良好的安全管理概念意識,或對之認識不深。評核及挑選次承建商的策略,應旨在確保只有符合良好安全標準的次承建商才會獲選執行有關工作。

20.1 管理次承建商

（1）發展與某些或全部下列合約管理過程的階段有關的政策、程序及指引：

（a）投標文件和合約內的對次承建商的安全及健康要求規格

（b）包括合資格前各過程的投標者評核／挑選

（c）開工前的策劃（例如安全計劃及各項風險評估）

（d）實地控制及監察

（2）就制度要求培訓經理及／或對次承建商；

（3）投標過程中或合格前過程中向次承建商提供指引及協助；

（4）成功投得工程後就制訂計劃和檢討進度向次承建商提供指引，包括定期安排次承建商與管理層會面。

20.2 發展政策及程序

機構有需要發展一項旨在確保對安全標準有認識，並有紀錄曾把標準付諸實行的次承建商才可獲選執行工作的制度。

（1）應要求每位欲被選進「認可次承建商名單」的次承建商提交其安全政策及安全計劃，並需要就其足夠性安排進行審閱。

（2）每位次承建商應填寫一份合資格前問卷，提供其有關安全及健康政策的所需資料，包括以下各項：

（a）安全架構；

（b）安全紀錄；

（c）過往替要求高安全標準的客戶工作的經驗；

（d）現行的安全工作系統／安全計劃；

（e）現行的安全管理制度；及

（f）訓練計劃和標準。

20.3 識別出合適的次承建商

於此階段應可識別出有「合資格」潛質的次承建商以供認可（請參看附錄6：次承建商評核表樣本）。在合理可行的情況下，應以書面方式邀請所有合資格投標者出席一個投標前簡介會，並作出席紀錄。隨後應提供一份清單，以作為要非全部便是大部分工作時會出現的普遍安全及健康問題的指示。這些均應在作出投標前於規格內向投標者傳達清楚，並在收到標書後據之作出檢查，以確保次承建商有採取適當措施控制風險，並且已識別出危害。建造工程的清單的適當項目包括有：

（1）有關環境、地方、裝置及物料的風險控制

（a）起重機械的操作；

（b）埋藏及架空設備；

（c）易燃物品或化學品的貯存問題；

（d）工作場地內的進出口；

（e）高空工作；

（f）特別的危害，例如在密閉場地工作或石棉工程等；

（g）噪音及有毒煙霧等因素引致的職業健康風險；

（h）電力及人工照明要求。

（2）有關防火、衛生、急救事宜

（a）防火；

（b）緊急救援／急救；

（c）福利設施，如廁所及食水設備。

（3）其他

（a）體力處理操作；

（b）個人防護裝備；

（c）工人的訓練要求。

（d）文件擬備及呈報；

（e）保險及合約的特別條款與條件。

20.4 開工前的策劃

機構的管理層在分判工作前應就活動進行風險評估。次承建商應獲得通知有關結果。他們還須在開工前進行一項職務安全分析，並如有需要，提供安全施工方案。

每位有可能成為次承建商者應須就實行風險控制措施提交一份安全計劃大綱。此計劃應扼要列明次承建商所提議履行其關於工作安全及健康的責任的方案。次承建商應獲給予充足時間預備投標事宜。

當標書收到時，這階段應可分辨出可能的勝任者。管理層應挑選能識別出

所有因工作而導致的安全及健康危害，能確保將採取最恰當和足夠措施以控制風險，並能提交最佳安全計劃大綱的次承建商。

20.5 把內部安全規則寫進合約內

控制的一項基本原則是盡可能在合約內將一切詳細陳述。一項重要的條件應是次承建商同意受機構的安全政策的所有規定約束。包含詳細條款及條件的書面指令應為合約的基礎，並應在工作開展前得到次承建商的承認。

20.6 監察及管控次承建商的安排

於策劃階段，機構的管理層應設立一個工作小組或委員會，以審批次承建商的安全計劃。以下是控制次承建商的安全表現的措施：

(1) 應要求次承建商委任一人或一小隊人去協調合約的一切事項，包括工地的安全及健康事項。除此之外，次承建商應設定溝通途徑，以便向基層人員傳遞所有有關的安全資料；

(2) 如有需要與次承建商在合約生效前舉行會議，討論工作的安全事項；

(3) 安排各有關人士定期舉行進度會議，而安全及健康應列為會議議程；

(4) 定期視察次承建商的運作；

(5) 應要求次承建商在涉及特別危害的工作進行前提交書面施工方案，這些工作包括拆卸工程、密閉空間工作、石棉工作、涉及帶電的電力裝置工作、豎立臨時支架或臨時支撐結構、樹立鋼架和涉及中斷或改建主要設施或設備的工作。如需要偏離施工方案，須暫停工作，直至施工方案經修訂和審批；

(6) 應要求次承建商報告導致時間損失的意外和危險事故；包括次承建商處理的意外和事故；

(7) 應定期監察次承建商的安全訓練計劃，以確保其成效；

(8) 於完成合約時，次承建商應清除所有廢物、物料、工具及器材、以保持工地清潔整齊。對此應作出檢查。

20.7 檢討

　　應定期審閱並更新次承建商的「認可名單」，特別是有關機構定期採用的次承建商。

問題

(1) 請扼要說明貴機構為挑選安全次承建商所作的安排。

(2) 試發展一份窗戶清潔公司的次承建商適用的合資格前問卷。該問卷經填寫後，將可助閣下評核次承建商的安全表現的。

21 安全委員會

　　安全委員會可説是找出和解決職業安全及健康問題的一處論壇,各種安全系統及程序均可在此得到發展及監察。管理層與委員會以及委員會與僱員之間的良好溝通,是安全委員會有效運作的要素。

21.1 擬訂安全委員會政策

　　僱主或承建商有責任:

(1) 安排成立委員會,並委任管理層代表到委員會;

(2) 把委員會成員的姓名及工作地點張貼於工人最有可能注意到的地方;

(3) 確保委員會成員獲准於工作時間出席會議和執行其他職責,及可就所涉及時間收取固定的或額外工資;

(4) 於委員會履行其職責時向委員會提供協助並與之合作;

(5) 透過確保委員會成員獲得足夠培訓以履行其職能而使委員會成員的努力得到最大發揮;

(6) 盡可能在合理可行的情況下實施安全委員會建議的與工人工作時的安

全及健康有關的任何措施;

(7) 建立一項機制,以使安全委員會的決定及建議行動能有效地傳達到負責執行的人士;

(8) 由安全委員會設立監察安排,以跟進其建議的施行。

21.2 按法律規定成立安全委員會

法例內附錄 I 指明的第1或第3類東主或承建商應——

(1) 設立最少一個安全委員會,其功能是找出、建議和不斷檢討用以改善其工業經營的工人的安全及健康的措施;

(2) 實施安全委員會建議的任何措施;

(3) 所設立的安全委員會應:

   (a) 有最少半數成員(不論其由提名或選舉產生)代表該工業經營的工人;

   (b) 獲得一份書面陳述,其中列明管限其成員資格、職權範圍及會議程序的規則;

   (c) 最少每三個月開會一次;

   (d) 備存其會議紀錄最少5年,並在任何職業安全主任索閱時供其查閱;

   (e) 在會議上只討論與該工業經營的工人工作時的安全及健康相關的事宜。

(請參看附錄7:安全委員會的設立要求)

21.3 發揮安全委員會功能

安全委員會應:

(1) 政策方針、管理制度程序的制定

   (a) 協助發展一項用於機構的安全政策並監察安全政策的執行;

   (b) 訂立有關安排,迅速和有效地處理危險工作情況,包括因有工人基於逼切性的危險而拒絕工作所引起的糾紛;

（c）討論及建立機制，排解工人基於逼切性危險的理由而拒絕工作時所引起的糾紛；

（d）協助發展安全工作程序和安全工作系統。

（2）溝通及協調

（a）向僱主建議保障工作場地人員安全及健康的途徑；

（b）提供與外界的聯繫，從而獲得外界對安全及健康的意見。

（3）組織、策劃及執行推廣活動

（a）組織安全推廣活動，例如安全比賽、展覽、安全獎勵計劃及安全建議書計劃。

（4）監察及檢討

（a）對危害及推行安全措施的安排進行持續評核；

（b）審閱意外／事故／健康受損的統計數字，以確定它們的趨勢和監察安全表現，並就其結論向最高管理層提交報告和建議；

（c）仔細審閱由安全辦事處呈交的安全表現報告及提供適當的行動方向；

（d）監察工作場地的安全及健康訊息的傳達和宣傳是否足夠；

（e）審視安全審核報告，並就其觀察所得向最高管理層提交報告和建議。

21.4 組織安全委員會

各有關方(工人及管理層)應舉行一次會議，以商討委員會的組成及目的。

（1）代表工人的成員數目不得少於委員會成員的半數

（2）安全委員會的成員可由提名或選舉產生

（3）管理人員代表應盡可能由不同階層人員組成，包括有足夠代表性的高級管理層及適當組合的各級管理人員和職能管理人員。應保證管理層成員中包括了一名有權代表組織執行預防性措施的人士

（4）安全委員會應包括一位督導員代表

（5）公司醫生、工業衛生師或安全主任或顧問應出任當然委員

有時，要決定實際上誰是管理層成員及誰代表僱員頗為困難，因為在大多

數的工作場地，幾乎人人都是名「僱員」。東主或承建商應確保安全委員會獲得一份書面陳述，其中列明管限其成員資格的規則。

（請參看附錄 8：安全委員會資料表樣本）

21.5 成員擔當不同角色

（1）主席

（a）編排會議，包括邀請專家或其他列席嘉賓；

（b）制備議程，並包括由其他成員提交的事項；

（c）按照議程及可用時間引領會議進行；

（d）確保一切討論事項最終均有決定及明確結果；

（e）組織工作小組以處理獲指派任務；

（f）檢閱及審批會議紀錄；

（g）監察委員會履行功能；

（h）定期向最高管理層（如有）作報告。

（2）秘書

（a）保存委員會紀錄；

（b）報告各項建議的狀況；

（c）制備會議紀錄；

（d）經審批後，派發會議紀錄；

（e）按需要協助主席。

（3）成員

委員會成員應：

（a）出席委員會會議；

（b）在委員會討論中貢獻其經驗及意見；

（c）如被委員會指派為工作小組組長時取得資料並執行職責；

（d）聽取由委員會以外的經理或僱員提出的關注事項及建議，並轉交督導員或委員會（視何者合適而定）；

（e）可取得由僱主保存的有關工作場地內意外／事故及健康受損方面、器材或物質對安全及健康可能有的風險的一切資料；

（f）把任何違反法定要求的情況通知委員會主席；

（g）學習工作場地的安全及健康事項；

（h）以委員會決定的方式或每當意外或可能的危害情況發生時，或經僱主批准的任何時候視察工作場地；

（i）向僱主建議適用於工作場地內某組人員的訓練及教育。

（4）安全顧問／安全主任／安全辦事處主管

同樣地向代表管理層的成員及委員會的工人提供意見。

21.6 策劃

▶ 21.6.1 訂明委員會所服務的工作場地

由於其規模及多元化的原因，某些機構較適宜有兩個委員會的服務。不同的委員會各自服務一個訂明的可以處理的範圍，將會較一個委員會試圖服務多個不同工作地點來得更有效率。

▶ 21.6.2 委員會人數

有關規例並無就委員會的成員人數作出建議。管理層可因應需要而改變成員人數。成員數額應在廣泛代表性和合理人數之間取一平衡。安全委員會人數不應過多，一般來說不應超過15名成員。

▶ 21.6.3 委員會程序

（1）委員會應最少每三個月或於主席召開會議時開會一次；

（2）委員會的會議紀錄文本應展示於工作場地的當眼處；

（3）主席應在每次會議前向委員會成員傳閱議程（請參看附錄 9：安全委員會會議議程樣本）；

（4）只有與工人工作時的安全及健康相關的事宜，才應在安全委員會會議上討論；

（5）應就每次會議保存會議紀錄；

（6）委員會的紀錄（包括其會議的紀錄）應由僱主保存5年或以上，由有關紀錄所關乎的會議日期翌日起計。

21.6.4 傳訊

應設立一項機制，以把安全委員會建議的決定及行動，有效地傳達到負責執行的人員。與所有僱員的有效溝通，可確保他們得知委員會的活動以及附於安全及健康的重要性。機構應透過在顯眼地方展示有關文件，或讓文件可以別的便捷途徑取得而通知工人有關安全委員會的決定及建議。各工作小組的設立，為不在安全委員會的工人提供了機會，讓他們可就所認識或關注的事項表達意見。

21.6.5 委員會成員的培訓

委員會的所有成員均應參加一項訓練課程。該項培訓應與委員會所關切的行業、業務或特殊危害有關。課程內容應涵蓋：

（1）會議程序；

（2）制訂政策建議；

（3）職業安全及健康基礎；

（4）法律；

（5）危害識別；

（6）意外調查；

（7）安全視察；

（8）如何尋找資料。

21.6.6 對安全委員會成員的保障

東主、承建商或僱主不得基於任何工人履行作為安全委員會成員的職能此一事實而：

（1）終止僱用或威脅終止僱用該工人；或

（2）以任何方式歧視該工人。

21.7 實施

安全委員會需要安全及健康事務員工的全力支持。在所有安全委員會會議前，安全及健康事務員工應與主席會面，商討會議議程及其他恰當事項。有關的會議通知及議程，應由秘書在開會前約一個星期分發。每位工作小組組長繼其口頭報告後，應制備一份書面報告，向委員會秘書提交。正常情況下，在每次安全委員會會議開始時，應由安全及健康事務員工繼主席發言後隨即就當前的安全及健康狀況發表報告。報告通常會描述有關當前的工傷及職業病趨勢、主要的表現指標、困難所在以及改善建議。

在許多情況下，安全及健康事務員工必須協助主席，向其提議負責協調某一項目的特定工作小組。在每次委員會會議後，秘書均應制備並向全體委員會成員分發委員會會議紀錄。於某些情況下，該會議紀錄亦會分發予機構內的其他人員。

21.8 跟進

跟進程序至為重要。安全及健康事務員工應維持一系統，以跟進委員會的建議及所指派任務。該名員工應：

（1）出席委員會的所有會議，並就其成效制定報告；

（2）與高級管理層一起檢討委員會及成員的角色；

（3）就職權範圍進行檢討，如有需要，提出修訂。

問題

(1) 一個工作安全委員會有何優點？是否有任何缺點？

(2) 所有委員會成員均應參加一項訓練課程以協助其履行職責。請試為閣下的委員會成員專門設計一項訓練計劃。

(3) 請為閣下的安全委員會制訂職權範圍。

　　安全管理要求評核與工作有關的或潛在的危害，並發展安全程序，以合理可行方法保障員工的安全及健康。

22.1 履行「合理可行」

　　法例上的「合理可行」一詞，容許東主或責任人去平衡所考慮的某種風險與採取行動控制該風險所需的代價(指時間、所牽涉的不便和金錢方面)。若該種風險並不顯著，因而兩者的平衡顯得「整體上不合乎比例」，那有關行動便無需進行；但較簡化的行動仍必須以同樣方法進行評核。按此說來，實際上風險評估在良久前已經進行。根據《工廠及工業經營(安全管理)規例》，安全管理工作守則建議風險評估可用於安全管理制度的策劃、訓練需要的識別、危害控制計劃、個人防護裝備風險評估、安全視察計劃、工作危害分析、工序危害分析及安全保障計劃。因此，有需要對各危害的相對重要性有概念和認識，從而可作出既恰當又合符經濟效益的決定和控制措施。

22.2 按步控制風險

　　安全管理制度的目標，是確保完成一切所需處理的事項，且各人皆懂得如何處理。要確保機構不會置僱員及其他人於風險之中，一切與機構活動有關聯的現存及潛在危害，均應在所有安全管理制度內被識別出並加以考慮。假如設計工作場地及工作活動時已顧及到安全及健康方面，那危害從一開始便可被消除。

　　要有效控制現存風險，應採用下列5個步驟。

(1) 識別危害

(2) 確定風險

(3) 發展風險控制措施

(4) 實施及維持風險控制措施

(5) 檢討風險控制措施

圖8 風險評估5步曲

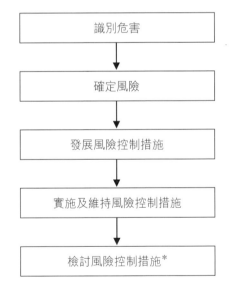

*檢討時應考慮以下問題：
1. 控制措施是否已消除或減低風險？
2. 控制措施有否引入新的危害？
3. 該5步驟是否運作正常？
4. 該5步驟實踐方法能否改善？
若答案是否的話，請重複上列5步曲

22.3 策劃風險評估

機構應建立及維持一套計劃，以用作識別職務危害、評估風險、發展、實施及維持風險控制措施和檢討。有關過程如下：

（1）識別出有關活動、設備裝置及器材、物質和固定裝備所涉及的固有危害；

（2）確定現有的安全程序和控制措施，以弄清任何餘下的危害；

（3）識別出有機會暴露在危害下的工作人員；

（4）分析有關風險的誘因及影響；

（5）量化有關風險以協助管理層作出決定；

（6）建議適當的控制措施，並如有需要提出進一步的特定評估。

22.3.1識別危害

在工作場地的危害的可能源頭，可分為五個類別以供識別，它們是：

（1）活動—工作、工序和程序；

（2）設備裝置及機械；

（3）物料／物質；

（4）人員；

（5）整個工作場地佈局及環境。

例如，下圖展示的是其中一種可用以識別危害的工序

圖9

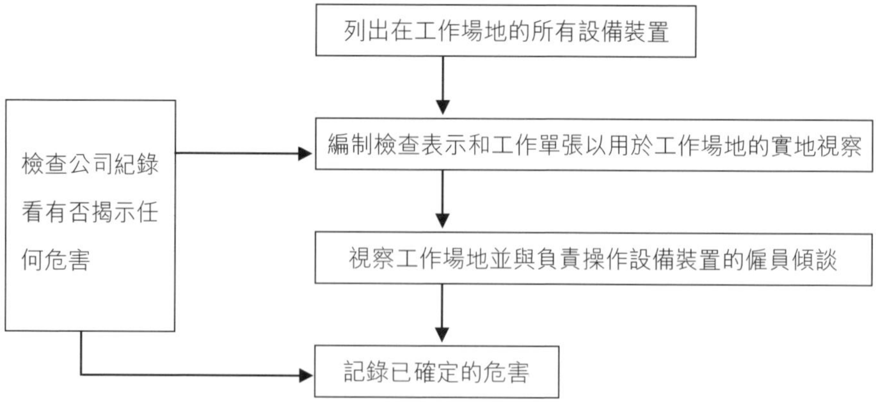

理想的資料來源可能是：

（1）在工作場地工作的員工；

（2）製造商的指示及建議；

（3）受傷或事故資料和其他有關的職安健專業團體報告、標準及法例、工作守則等等；

（4）安全刊物的有關報告和文章；

（5）視察報告、意外／事故報告。

有些危害或不容易被識別，可應用某些技術如故障模式及效應分析（FMEA）、工作安全分析（JSA）等等來預測失誤。已識別出的危害應紀錄在一張標準紀錄表格作進一步評核（請參看附錄10：風險評估表樣本）。

▶ 22.3.2 確定風險

與某項危害關連的風險，是該危害會引致損害的或然率（可能性）及該種損害的嚴重性（後果）的一種反映。下面的系統為決定各風險的相對重要性提供了一個簡易的方法。它顧及到事件發生的嚴重性和或然率。計算第一項（嚴重性）較第二項（或然率）來得容易，因為並非所有危害均可提供備用數據，因此，可採用來自經驗的估計。風險的評級可以下列簡單的方程式計得：

風險　＝　估計嚴重性　×　估計或然率

以上的估計只要貫徹地使用，可以給予任何數據。將風險量化，可讓我們大概知道風險的大小。它亦為危害分了級別，管理層從而可就有關的緩急次序作出決定。

危害嚴重性評級（HSR）指定有五個級別，而發生或然率評級（POR）則有四個。以下是有關POR的說明：

圖10　發生可能性評級〔POR〕

POR	描述
H（高）	高或然率的危害引致損害 / 有可能
M（中）	中度或然率 / 有合理可能
L（低）	低或然率 / 可能性微
N（無）	無 / 不可能 可能性極微

　　風險是由HSR及POR的複合方法計算而得。為了避免失去有用的資料，應採用字符數字代碼作為風險評估代碼（RAC），而非將數字直接相乘。為了確定風險的目的，以下採用了HSR/POR矩陣表，以用RAC方式就剩餘風險的大小提供指引。

圖11　危害嚴重性評級〔HSR〕

程度	描述詞	描述		
		多種傷亡	單一傷亡	健康受損
1	不明顯	——	急救治療 （無時間損失）	——
2	輕微	急救治療 （無時間損失）	有時間損失但不超過 三天病假的工傷	短暫健康受損
3	普通	有時間損失但不超過 三天病假的工傷	有時間損失但不超過 十四天病假的工傷	永久健康受損
4	嚴重	有時間損失但不超過 十四天病假的工傷	有時間損失並超過十四 天病假或死亡的工傷	永久健康受損 並可引致死亡
5	災難性	有時間損失並超過十四 天病假或死亡的工傷	——	——

　　但應注意，這類評級系統會帶來自身的難題，而這必須加要處理。其一是因缺乏資料，對長期性的健康危害可能未能充份確定。其二是低嚴重性但高發生頻率的危害，經相乘後可與高嚴重性低發生頻率的危害得出相同的風險評級。

縱使評級可能相同，但改正它們的回應措施在優先次序上則可能極為不同。

▸ 22.3.3 制定決策

因應其明顯性將風險分類後，每一種風險均應在評估組成員間詳加考慮。必須謹記的是，風險評估是管理層賴以作出控制措施的決策的一種過程，故此，風險評估應關注到控制措施的是否足夠，而非單純準確評估風險。

應按優先次序採取適當行動。不可接受的風險應列為第一優先。影響決策制定的因素有訓練、更換器材和設備裝置的可能性、修改的可能性和所建議解決方法所需的費用。於決定某一風險是否可容忍，管理層應考慮其情況是否屬法定許可範圍及 / 或符合法例或國際公認標準。

▸ 22.3.4 控制風險

當識別出及確定健康及安全方面的風險後，應引進風險控制措施，以消除或減低風險至一可接受程度。

控制風險的方法有多種，在很多情況下有需要採用一組合的控制措施，以將風險減低至所要求水平。應遵從的控制措施次序（控制措施級別制度）較適宜如下：

（1）消除風險

（2）取代或隔離或修改

（3）採用工程控制方法

（4）採用安全作業方式及行政控制措施

（5）使用個人防護裝備

▸ 22.3.5 消除

消除風險的最佳方法是徹底除掉危害—例如應購買預先鋸好的木材來代替使用風車鋸。

22.3.6 取代

以較安全的選擇取代設備裝置或其危害性部分—例如以較靜的機器取代噪音較高的機器。

22.3.7 隔離

隔離有關的設備裝置—例如把空調裝置放到樓頂層。

22.3.8 修改

如不更換設備裝置,可修改其設計—例如在拖拉機安裝一個框架以提供翻側的保護。

22.3.9 工程控制

這方面包括圍封物、停止掣、遮隔及護欄等。

22.3.10 行政控制

應採用安全作業方式以盡量減低面對危害的機會,從而減低風險。例如使用標誌警告有關危害。進行維修時,可採用一種系統以確保設備裝置已被隔離其電源。減低接近高噪音機械工作時段的工作程序、緊急程序、健康安排(測試聽覺)等,均屬行政控制。

22.3.11 個人防護裝備

這是一種遮蓋和保護工人身體以遠離危害的方法。在工程控制方法不可行時,提供合適的個人防護裝備是一種最終的解決方法。

無論採用甚麼樣的控制措施,安全的作業方式都是必要的。而因應不同的危害,個人防護裝備亦或應使用。行政控制措施和個人防護裝備的選擇,均不應被倚賴作為一種長期的風險控制措施,除非消除、取代、隔離、修改及工程控制的方法均已窮盡。

22.4 組織

　　機構應委任一名或以上合資格人士進行狀況檢討（分析）及風險評估，並應給予所需的支援以讓有關人士可執行其職責。一名合資格人士是指：

　　（1）由東主或承建商委任以確保其執行職責的人士；以及

　　（2）由於經過適當訓練和具備實際經驗故有能力去執行職責的人士。

22.5 實施及維持風險控制措施

　　風險評估的結果應是一份行動清單，按優先次序排列應為設計、維持或改善控制措施。為使風險控制措施能有效能及有效率地實施，在切實可行的情況下，工作場地內各級別人員應共同制定此等程序和措施。應鼓勵負責實施風險控制措施的人反映意見，從而可使各項措施得到改善。

　　風險控制措施必須加以維持—例如互鎖式護罩已被納入工作程序內；對工作程序進行監察，以確保它們獲得遵從；聽覺保護器應保持清潔，並應進行檢查以確定沒有損壞。應制定程序，為有需要的控制措施提供維修服務。該等程序應包括維修的頻率、誰人負責、如有缺失將如何改正、表現測試與評核標準，以及維修服務紀錄。

22.6 監察

　　管理層應檢查實施控制措施並未引發新的危害。僱員如發現在控制措施、器材、機械、設施或標籤方面有任何缺失，應迅速地向其主管報告。為確保員工不會損害控制措施，紀律必須嚴格執行。

22.7 檢討控制措施

　　管理層應諮詢員工，以檢查該五個步驟，並決定何處及如何可加以改善。有關風險控制措施應加以適當維持和定期進行檢討。長期性計劃應透過逐漸把風險控制措施融入各項管理制度，以及計劃採用較高級別的控制措施而制定，最終改善工作的安全及健康。例如僱主可嘗試引入一項「採購安全」政策、為以

較低危害性方法取代主要危害制定時間表、提升訓練計劃及改善工作場地內的溝通。

　　風險評估並非一項一次性任務。每當情況作如下轉變時，風險評估均必須作出：

（1）取得關於之前並不知道的設計或生產毛病或未被識別出的危害的資料；

（2）設計被更改或修改；

（3）經檢討其成效後改變某項風險控制措施；

（4）與設備裝置有關聯的工作系統有所改變；

（5）設備裝置被遷移；

（6）設備裝置的擁有權有變；

（7）工作場地環境發生變化，或

（8）致使現存風險評估不再適合的任何其他改變。

問題

(1)　在進行風險評估前需要些甚麼資料？

(2)　甚麼是危害？請說明危害與風險的分別？

(3)　請於每種級別的控制措施以例子說明風險控制措施中的控制措施級別制度。

23 安全及健康意識

在機構內推廣安全便是提高、發展和維持工作場地內的安全及健康意識。

23.1 擬訂安全及健康意識政策

推廣安全及健康是一有效方法,不但可推動工作場地的安全及健康文化,更可加強安全與生產是密不可分的概念。所有安全及健康計劃均應宣傳,使全體僱員明白管理層對僱員安全及健康的關注。有關宣傳儘管只是整體安全管理制度其中一環,不過對於制度成功與否起了關鍵作用。

23.2 策劃安全推廣計劃

安全推廣計劃應訂明清晰的目標。計劃必須經過周詳考慮才能達致最佳的效益。完善策劃的計劃,有助工人更加投入安全事務。例如,有關計劃可包括以下方面:

(1) 協助發展安全工作習慣和態度—但不能補救不安全狀況和不安全程序;

(2) 專注意外特定成因,縱使這方面本身無法消除意外;

（3）輔助安全訓練；

（4）讓僱員有份參與預防意外活動，例如就職務程序的安全改善提出建議；

（5）作為工人與管理層之間溝通和合作的渠道；

（6）改善僱員、客戶與社區關係，因為這方面是管理層對預防意外承諾的明證。

選擇推廣安全活動

（1）在會議及研討會等推廣安全

   （a）安全委員會

   （b）安全研討會

   （c）工地座談會

   （d）安全訓練

   （e）影片／影帶

（2）向個別員工推廣安全

   （a）安全指導

   （b）安全施工程序活動

   （c）為所有下屬樹立個人榜樣

（3）通過刊物、海報推廣安全

   （a）安全通訊

   （b）簡訊、單張及安全雜誌

   （c）海報、橫額及報告板

   （d）安全標誌

（4）以活動形式推廣安全

   （a）表揚個人和團體成就：獎盃、個人獎勵、嘉許狀

   （b）附設大獎的比賽

   （c）透過建議系統、分紅計劃、推廣、加重責任發放獎金

任何計劃若要有效保持對安全的關注，必須以僱員和工人需要為依歸。管

理層應不單以受歡迎程度，更應以果效來選定活動。

23.3 組織

各級經理及督導員均負責策劃、組織及實施有關計劃。同時應成立安全推廣工作小組，並指派當中一名成員負責統籌各項安全推廣。該名成員職務如下：

(1) 檢討當前安全推廣計劃；

(2) 與管理層、督導員及工人商討當前計劃及資訊需要；

(3) 檢討其他機構所採用的安全推廣；

(4) 建議改善安全推廣；

(5) 協助實施新訂或經修訂的計劃；

(6) 監察計劃成效。

安全及健康專業人員一般獲指派統籌計劃、提供意念和靈感，以及爭取管理層、督導員及僱員的支持。

安全委員會須策劃和進行安全比賽。比賽一般以意外經歷為依據，並於指定期間舉行。

23.4 實施

(1) 應以書面方式就安全推廣訂定政策；

(2) 應針對與全體人員進行安全資料溝通制定程序

　　(a) 簡訊

　　(b) 安全報告板、安全海報

　　(c) 策劃督導員—僱員(單對單)接觸

　　(d) 進行安全啟導、工地座談會及安全工作周期

(3) 對於個別員工及僱員小組遵守安全規則及程序，以及作出其他方面努力或取得成功而樹立楷模，應加以正面表揚。

23.5 檢討

安全推廣工作小組應考慮舉辦周年安全及健康會議，邀請機構內各部門督導及僱員代表參加。該會議旨在檢討機構當前安全計劃，包括安全推廣和獲取改善建議。

成功的安全推廣計劃應具備以下特點：

（1）針對經適當確認的安全問題；

（2）有清晰的焦點、主題和目標；

（3）有安排完善的活動配合主題；

（4）對廣泛參與提供獎勵；

（5）清晰表現最高管理層對計劃的全面承諾。

問題

(1) 請列舉閣下的工作場地所採用的安全推廣種類。你能否想出更多傳達安全訊息的有效方法？

24 意外控制及危害消除

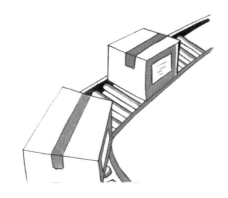

　　訂定計劃，為在工人面對任何惡劣工作環境之前控制意外及消除危害，是安全管理制度的重要一環。

24.1 制定工序控制計劃政策

　　工序控制計劃意指工序經過策劃、實施和控制，以致有關器材、環境、人員、文件及常用材料，在工人面對任何惡劣工作環境之前，都能符合防止意外和消除危害方面的安全規定。需要控制的活動視乎所涉工序類別及內在風險而定。至於製造業務，活動包括切割、燒焊、研磨及噴漆。工程方面，活動則包括草擬、設計、分析和測試。

24.2 策劃工序控制計劃

　　有效的工序控制計劃須有系統地評核整個工序。工序控制需要工序確定、工序計劃及工序維修。例如，一件工序器材的工序控制，已由新訂，非類似項目取代，當中包括下列各項：

　　（1）工序安全資料需作更新；

　　（2）工序危害分析需作核實；

　　（3）附帶規定的僱員訓練的新運作程序；

(4) 新器材須納入完整機械性能計劃。

24.2.1 工序確定

就工序危害分析取得完整準確的書面資料，內容有關工序物料(包括化學品)、技術及器材，以及紀錄工序安全資料。工序安全資料應包括各運作階段的步驟、運作限制、安全系統及系統性能、以及職安健考慮因素等。

譬如說，危害性物質可以按本身標籤和材料安全據數表(MSDS)予以確定。管理層須確保以下事項：

(1) 工作場地所有物質均經正確標籤；以及

(2) 物質的安全及健康資料，包括MSDS，經從供應商、進口商或製造商獲取。

24.2.2 工序危害分析

利用所得方法，確定及分析工作場地進行特定工序的人員安全及健康所受潛在危害的重要性。工序危害分析類似初步危害分析及風險評估，並須因應工序的複雜性，以及確定、評核及控制工序所涉危害。分析應集中於器材、儀器、公共設施、人為作用(例行或非例行)以及那些可能影響工序的外在因素。

管理層應釐定及記錄進行工序危害分析的優先次序，並基於以下考慮因素：

(1) 工序危害程度；

(2) 可能受影響僱員人數；

(3) 工序時間；以及

(4) 工序運作歷史。

工序危害分析須針對以下各項：

(1) 工序危害；

(2) 適用於危害及當中相互關係的工程及行政控制，例如利用偵察方法預警危害釋出；

（3）工程和行政控制失效後果；

（4）設施座落地點。

24.3 組織

工序危害分析應由專長於工程及工序運作的工作小組執行，而工作小組最少要包括一名具備所評核工序相關經驗和知識的僱員。同時，小組其中一名成員須熟悉所用特定工序危害分析方法。

24.4 實施

▸ 24.4.1 建立制度

初次工序危害分析應先進行，然後才啟動工序。管理層須建立制度，以便：

（1）即時處理工作小組所得結果和建議；

（2）確保適時處理建議及紀錄決議；

（3）紀錄所需行動及盡早完成行動；

（4）書面制定所需完成行動的時間表；

（5）將行動傳達到負責運作、保養及其他僱員，而這些員工正執行所獲指派工作，且可能受到建議或行動所影響。

▸ 24.4.2 操作程序

管理層於進行工序危害分析後，應發展及實施書面操作程序，藉以清晰指示安全進行各工序所涉活動，從而符合工序安全資料。操作程序包括工作方法説明及（若適用）工作許可制度。同時，操作程序亦應包括展開所述程序所需採取或依循步驟的特定指示或細節。各項程序的操作指示應包括適用的安全預防措施，及載列安全含意的適當資料。例如，針對妥善實施啟動工序操作程序的操作指示的操作程序，必須清楚指出啟動和正常操作兩者間的分別。

24.4.3 訓練

參與工序的全體僱員，包括保養及次承建商僱員，須充份明瞭所做工序的安全和危害，以保障本身、同事及附近居民。各僱員參與操作新獲指派工序之前，應就工序總覽及操作程序兩方面先受訓。管理層應決定各參與操作工序僱員的重溫訓練的適當次數，以確保僱員明白及遵照工序當前的操作程序。

24.4.4 完整機械性能

一些器材（如一度用作加工、貯存或處理高度危害性化學品的貯存缸），在設計、製造、安裝及保養方面，應盡量減低釋出有關化學品的危害。就此應推行完整機械性能計劃，以確保工序器材性能持續良好。該計劃若要收效，第一步是遵照並編製工序器材及儀器分類表，以供收納於計劃內。需要是項計劃的例子包括：

（1）壓力容器及貯存缸；

（2）喉管系統；

（3）排氣及通風系統及裝置；

（4）緊急關閉系統；

（5）控制裝置（包括監察裝置與感應器、警報器及互鎖），以及

（6）泵。

管理層應建立及實施內容充份的書面程序，確保特定工序器材獲得審慎、恰當、定期、預定的維修保養，從而可繼續安全運作。因此，這並非是「損壞停機式」維修保養計劃。該計劃應包括下述各方面：

（1）設備裝置、器材及儀器的確認及分類；

（2）檢查及測試；

（3）制訂測試及檢查頻率；

（4）制訂維修保養程序；

（5）訓練維修保養人員；

（6）確立測試結果的可接受準則；

（7）紀錄測試及檢查結果；

（8）紀錄生產商指定的平均壽命資料。

24.5 監察

工序控制工作小組應進行實地評核，當中包括與安全／工序人員開會、綜觀工序控制計劃、初次視察熟習場地及危害、檢討工序控制文件、訪問設備裝置及次承建商僱員、選擇標準以外的工序，以及額外視察以評估所選定的標準以外工序是否守規。

24.6 檢討

操作程序應盡量多加檢討，以確保程序反映當前運作方式。管理層須定期評核訓練計劃，決定受訓僱員是否適當明瞭及實施所需技能、知識和例行事項。

問題

（1）概述可使失靈的機械互鎖防護裝置能快速得到維修的完整機械性能計劃。

（2）試解釋工序危害分析與其他安全元素的風險評估之間的分別。

25 職業健康保障計劃

職業健康保障計劃是要制定計劃以保障工人免於承受職業健康方面的危險。

25.1 制定職業健康保障計劃

機構的安全及健康計劃若要全面收效，就要重視僱員健康。健康危害通常只會在過了一段時間，才會影響身體。當中很多能產生累積影響，而在某些情況下，這方面的成因仍然不為人知。由於影響並非常常立即顯現，因此有需要發展預防策略，以便僱員面對健康風險之前，先加確定及控制。

25.2 策劃職業健康保證計劃

保障工人免受職業健康危害的計劃包括：

（1）確定危害或潛在危害；

（2）量化危害程度—通常衡量物理／化學因素及因素持續時間，並將因素與已知或規定標準掛勾；

（3）就實際用途、貯存、運輸及棄置情況釐定風險；

（4）透過設計、工程、工作系統、使用個人防護裝備及生物監察，實施及維持風險控制措施；

（5）藉著定期重新釐定工作情況及系統，檢討風險控制措施。

▸ 25.2.1 識別危害

識別健康危害的過程應考慮以下情況：

（1）危害性化學品

（a）如吸入可引致哮喘、支氣管炎或癌病；

（b）如吞下可引致中毒；以及

（c）如濺及皮膚或眼睛會引致皮膚炎或嚴重刺激。

（2）不正確的體力處理操作、設計差劣的工作間、重覆的動作和不良的工作的姿勢等，都可引致各種筋骨勞損；

（3）可導致聽力損失的噪音；

（4）可導致手、臂震動綜合症及「白手指」等病狀的震動；

（5）可導致眼睛及皮膚受損、健康受損（包括癌病），以至嚴重燒傷，甚至死亡的輻射；

（6）極高或極低的溫度、氣壓及濕度會影響員工安全地工作的能力，並會引致身體發生有害的變化，如中暑及「㑃僂」（減壓病）；

（7）工作壓力不只影響管理人員，還影響所有工人。

▸ 25.2.2 安全資料

機構須認真審核所有例行及非例行業務活動。有關的資料來源包括：

（1）法例及支援法例的工作守則；

（2）在工作時使用的器材、化學品及其他物料的供應商所提供的資料及建議；

（3）國際標準；

（4）工業或行業團體的指引；

（5）管理人員及工人的個人知識和經驗；

（6）意外、健康受損及事故的資料；

（7）專家的建議和意見；以及

（8）研究結果。

▶ 25.2.3 確定風險

請參閱第22章。

▶ 25.2.4 發展風險控制措施

請參閱第17及22章。

25.3 組織、實施及監察

▶ 25.3.1 識別健康危害

健康計劃若要收效，必須識別、確定及控制健康危害。健康保證工作小組初期工作是，制定有效的健康危害確認計劃。同時應擬訂清單，述明機構的一切經識別及疑屬健康危害。此清單一經擬備及其後置存，便成為所有健康危害確定的依據。就整份清單而言，應擬備一份緩急次序清單，包括最大的健康危害，其中考慮到物質毒性、潛在風險程度、承受風險僱員人數及所會產生的傷害。

健康危害緩急次序清單應定期更新。這份清單有助確定危害緩急次序、危害性質、危害地點、獲指派就此作出評估的人員、評估工作指派時間、預定完成時間、以及完成與否等。

▶ 25.3.2 確定健康風險

一旦健康危害已經識別，按緩急輕重排列，以及指派特定工作小組成員跟進，應就此確定各種危害。

有關工作小組成員當被指派去確定特定健康危害，應先檢討有關或風險的數據。就化學物質而言，可能要檢討物料安全數據紙。至於噪音危害，或要檢討噪音標準。工作小組成員可能需與安全統籌員、安全主任、醫生或工業衛生

師討論有關危害。其次，工作小組成員亦須實地評核。如果實地評核顯示潛在風險高出可接受標準，應建議風險監察。

　　工作小組應呈交報告給工作小組組長。後者將成員報告呈報安全委員會會議。如需要額外監察，獲指派有關工作的工作小組成員，則負責跟進。

▶ 25.3.3　危害控制措施

　　健康保證小組須指派人員就改正經識別健康危害負責及問責。在多數情況下，所需改正措施應由各級經理或工程小組負責。至於為改正健康危害而設的計劃及項目表，應由健康保證小組置存。

　　進度報告應由工作小組組長於安全委員會會議呈報。如果無法於目標日期完成，應設定新目標日期，並就此作出報告追蹤。

　　在多數情況下，健康危害控制措施涉及遵守現有規則和程序。執行規則和程序方面，應由僱員直屬督導員定期每日處理。

25.4 訓練

　　有效的健康危害識別需要特別訓練。因此，工作小組成員應不斷接受訓練，以提高對潛在健康問題的警覺性。有關訓練要包括課堂及在職訓練。對於僱有醫生、護士及職業衛生師的機構，應揀選這些專業人員作為工作小組成員，以便協助訓練其他工作小組成員。

　　同時應鼓勵所有僱員將有關健康危害的關注，通知所屬督導員或工作小組成員。為達致這項目標，所有僱員應接受適當訓練，並知曉通報關注事項的恰當方法。

25.5 監察員工的身體健康

　　機構應按照有關的法律規定，為工人(如那些處理可致癌物質、石棉的工人；在壓縮空氣中工作或從事地下作業的工人)安排身體健康監察和身體檢查。進行身體健康監察的主要目標是及早察覺損害健康的不良影響，從而防止員工

繼續受到傷害。健康監察的結果有助：

（1）檢查控制措施的成效；

（2）提供風險管理是否準確的回應；以及

（3）在風險增加時，能找出那些人員受影響，並加以保護。

25.6 檢討

健康保證工作小組其中的職責是，謹慎檢討機構的安全及健康計劃，以確保機構適當地重視健康。此外，亦應檢討安全計劃，確保遵行一切所知的健康相關標準。一旦確定需加處理的毛病和項目，應作出特定的跟進工作。

如果發覺員工患上職業病，機構應採取措施，防止該員工再暴露於有關物質或試劑，以及檢討健康保證計劃，以確定未盡完善之處，並採取措施加以糾正。

問題

(1) 工作場地操作人員報稱使用某物料工作時普遍感到不適。請討論你會如何評估該問題？

(2) 閣下能否想出其他簡單方式，將本身工作場地的物質分類，以示潛在損害程度？你所作的分類有否不足之處？

附錄

　　此等附錄包含了一些可使用的表格樣本、程序樣本和資料。每種表格與程序均可加以修改，以符合閣下公司的特定需要。讀者應編制本身的文件記錄，以記錄下安全管理制度的進度。

1. 名詞解釋
2. 安全政策（可行範例）
3. 安全訓練紀錄（樣本）
4. 安全視察檢查表（樣本）
5. 意外／事故調查表格（樣本）
6. 評核次承建商計劃（樣本）
7. 設立安全委員會
8. 安全委員會資料表格（樣本）
9. 安全委員會會議議程（樣本）
10. 風險評估表（樣本）
11. 健康危害緩急次序表格（樣本）
12. 文件記錄及管控
13. 危害性物料洩漏處理程序（可行範例）
14. 意外／事故調查程序（可行範例）
15. 維修保養程序（可行範例）
16. 參考資料

附錄1 名詞解釋

安全管理制度的其中一項主要功能,是把工作上遇到的風險的有關資料,準確及有效地傳送到管理層。因而,對某些字詞需事先加以界定。

意外 Accident	非預期發生的事件,可導致死亡、健康受損、受傷或造成破壞或其他損失。〔OHSAS18001〕
審核 Audit	指作出安排以—— (a)收集、評估和核證某職業安全及健康管理制度在效率、效能及可靠程度方面的資料(包括在《安全管理規例》附表4中註明的安全管理制度所含的元素);及 (b)考慮對該制度作出改善。〔工廠及工業經營(安全管理)規例〕
後果 Consequence	某一事件的質化或量化結果,可表現為損失、受傷、壞處或得益。某一事件可能會引致一連串不同的結果。〔AS/NZS4360〕
持續改善 Continual improvement	與機構的安全政策一致,旨在改善整體職業安全及健康表現的強化職業安全及健康管理制度的過程。〔OHSAS18001〕
頻率 Frequency	是可能性的一項量度,表現為在一特定時間內某事件發生的次數。
危害 Hazard	具有潛在損害的源頭或情況,可導致受傷或健康受損、財物損毀、工作場地環境遭破壞或其組合。〔OHSAS18001〕
危害識別 Hazard identification	指出危害及界定其影響特性的過程。

危害性物質 Hazardous substances	指一些生物或化學媒介，由於其為一種壓縮氣體或一種易燃、氧化、有毒、腐蝕性或活躍物質，因而具有引致損害的潛能。
健康監察 Health surveillance	檢查控制措施的成效的一種方法，就風險評估的準確性作出回應，確定並保障人員免受增加風險的影響。
初步狀況檢討 Initial status review （ISR）	就職業安全及健康管理的現有安排所作的檢討。檢討提供的資料，將會影響對現行安全管理制度的範疇、充足性和實施方面所作的決定，並且為量度進度提供了基準。〔BS 8800〕
可能性 Likelihood	用以對或然率或頻率作出的一種性質上的描述。〔AS/NZS4360〕
損失 Loss	包括死亡、受傷、健康受損、財物損毀、生產損失、環境污染或其任何組合。
安全施工方案 Safe work method statement	為某些在執行上對施工或鄰近工作地點的人員有潛在困難或產生相當高的安全及健康風險的職務而設。說明應涵蓋質量、環境、工程施工和其他方面以及安全健康事宜。
監察 Monitor	定期就某項活動、行動或制度進行嚴格檢查、監督、觀察或記錄下進度，以識別當中的轉變。〔AS/NZS4360〕
目標 Objectives	機構為本身在職安健的表現上訂定的目標。在可行情況下應盡可能定量化。〔AS/NZS4804〕
表現 Performance	根據機構的安全政策及目標釐定的，與機構控制安全及健康風險有關的安全管理制度(包括活動)的可量度結果。〔OHSAS18001〕

工作許可制度 Permit-to-work system	工作許可制度是指以一份書面文件，授權某些人士在某特定時間進行某項指定的工作。文件並列明安全地工作所需的主要預防措施。
初步危害分析 Preliminary hazard analysis	是對整個工作系統進行的初步檢視。它既是一種初段危害識別工具，亦是一項初步危害分析。初步危害分析應在設計階段時盡早進行，並應涵蓋危害識別、已識別危害評核、危害控制建議以及實施控制措施後的風險水平釐定。
主承建商 Principal contractor	由客戶委任，為工地運作的管理承擔全面責任的承建商。
程序 Procedure	它界定工作或運作上有關職安健的流程，並作為工序、職務或工作上的安全概覽。
項目 Project	項目包含根據一份或多份合約進行的建造工程。
風險 Risk	某項危害性事件發生的可能性與後果的組合。〔OHSAS 18001〕
風險評估 Risk assessment	估計風險的大小並決定是否可以承受該項風險的整體過程。〔OHSAS18001〕
註冊安全審核員 Registered safety auditor	根據《工廠及工業經營（安全管理）規例》註冊為安全審核員的人士。〔工廠及工業經營（安全管理）規例〕
安全管理 Safety management	指與經營某工業經營有關連並關乎該工業經營中人員的安全的管理功能，包括—— (a)策劃、發展、組織和實施安全政策；及 (b)量度、審核或查核該等功能的執行。〔工廠及工業經營（安全管理）規例〕

安全管理制度 Safety management system	整體管理制度的一部份，可促進管理與機構的業務相聯繫的職安健風險。這包括組織架構、策劃活動、責任、作業方式、程序、工序和機構安全政策的實施、達致、檢討以及發展、維持安全政策所需的資源。〔OHSA18001〕
安全計劃 Safety plan	列明一家機構或一個項目在職業安全及健康方面的特定資源、責任、程序或作業方式的一份文件。
安全查核 Safety review	指為查核某項安全管理制度（包括註明於附錄II的該制度包含的元素）的效能和考慮制度在效能方面的改善而作出的安排。〔工廠及工業經營（安全管理）規例〕
安全查核員 Safety review officer	指按《工廠及工業經營（安全管理）規例》規定，被委任進行安全查核的人士。〔工廠及工業經營（安全管理）規例〕
表現指標 Target	根據機構的安全及健康目標制定，並需得到滿足方能達致該等目標的有關機構的詳細表現要求；如可行，應盡量加以量化。〔AS/NZS4804〕
工地座談會 Tool box talks	工人的簡況匯報時間，通常由工地督導員或組長主持，商討有關執行工作時遇到的安全及健康方面難題。

安全政策（可行範例）

(1)　政策概論

本公司對於屬下僱員及其他可能受到旗下建築業務影響的人士的安全及健康，深感責無旁貸。我們矢志保持所屬建築地盤的安全及健康在最高水平。要履行上述目標和責任，管理層有責任提供並保持安全的工作環境，使員工健康不受威脅。責任範圍包括：

(1)　有必要制定超出最低法定要求的公司標準；

(2)　考慮業務運作中商業職能的其他方面時，優先處理安全及健康事宜；

(3)　提供並維護安全設備裝置及工作系統；

(4)　就安全使用、處理、貯存及運送設備裝置及物質方面，作出安排及監察；

(5)　就確保一切有關活動安全的方法，向職工及次承建商提供資料、訓練和督導；

〔項目董事〕負責制定目標，實施及監察本政策及其他個別項目政策。同時，須詳列各級管理人員的職業安全及健康職責，及遵從公司有關訓練和後勤支援的安全程序。

(2)　分配安全及健康責任

本公司承認建築業存在危害，因此會盡力為全體僱員及次承建商，提供及保持安全及健康的工作環境。為達致這項目標，各僱員的責任如下：

高級及各級管理層

(1)　負責有效實施公司安全政策；

(2)　負責決定是否需要獨立項目安全政策；

(3)　須遵守、實施及履行有關安全及健康法例規定的責任；

(4)　須與具有指定安全及健康職能的機構合作，定期評估安全及健康表現和資源；

(5)　須就正確使用公司及項目所用的設備裝置、器材及物質方面，向全體僱員提供資料、訓練和督導；

(6)　須通報及調查公司範圍內發生的事故和意外，以便準確衡量安全及健康表現。

僱員

(1) 須遵守安全程序與指示；

(2) 不可蓄意干擾或誤用所提供的項目或設施，以保障公司僱員的安全、健康和福利；

(3) 須按照協定的意外及事故呈報的安全程序，向所屬督導員通報潛在及實際危害。

(3) 安排實施政策

為引領公司不斷進步，（填上職銜）承諾：

(1) 定期諮詢僱員，確保有效實施政策及定期檢討安全及健康問題；

(2) 制定工作安全及健康系統，使各項屬於潛在危害的活動得以識別、評估及控制，以及使有關程序得以確立、記錄、更新及監察；

(3) 利用監察系統決定有關安排收效與否，並檢討安全表現；

(4) 提供所需資金與資源。

本政策因應法例和公司轉變而作定期檢討。我們最終的目標是意外減至零。同時謀求全體僱員合作以實現公司的安全及健康目標，以及創造一安全工作環境。如有任何改變及安排，會以書面或展示方式知會全體僱員，以便實施。

簽署　＿＿＿＿＿＿＿＿＿＿

姓名　＿＿＿＿＿＿＿＿＿＿

職位　＿＿＿＿＿＿＿＿＿＿

發出日期　＿＿＿＿＿＿＿＿＿＿

修訂日期　＿＿＿＿＿＿＿＿＿＿

安全訓練紀錄（樣本）

公司：	廠房/部門：	地點：
僱員姓名：	僱員身份證號碼：	職員編號：
訓練課程：	培訓日期：	導師：

訓練概要：

僱員簽署：	導師簽署：

*下半部

僱員簽署	日期	僱主簽署	日期
————	————	————	————
————	————	————	————
————	————	————	————
————	————	————	————
————	————	————	————
————	————	————	————
————	————	————	————

*假如要為每位僱員保存訓練紀錄，或如果訓練是定期舉辦的，請採用本表格上半部。
假如只為出席培訓的所有僱員保存單一份紀錄或當有重複訓練時，請採用本表格上、下兩部份

安全視察檢查表（樣本）	第　頁，共　頁

機構：	地點：
視察日期：	視察員：
視察時間：由　　　　至	簽署：

制作本安全視察檢查表旨在為視察員提供備忘提示，它並未亦不可能涵蓋全部安全及健康事項。如欲取得有關安全視察要求的更詳細資料，請參閱各項特定標準、內部規則、守則、規例和風險評估。

編號/項目	參考	是	否	評語
規則及程序				
1. 是否已知悉、明白和遵行所有規則及程序？				
2. 指派的任務是否已用安全的方式執行？				
工場整理				
3. 工作範圍是否清潔整齊？				
4. 地面是否沒有突出的釘子、碎片、洞口和鬆脫木板？				
5. 走廊和通道是否保持暢通，沒有阻塞？				
6. 永久的走廊和通道是否均有清晰標誌？				
7. 開啟的地坑、缸和溝渠的周圍有否蓋上或加上護欄？				
地面及牆身開口				
8. 樓梯和門口有否加上護欄保護？				
9. 光井有否被擋隔或加上護欄以防止有人從中墮下？				
10. 臨時的地面洞口是否有標準的護欄或有人經常看守？				
11. 有否就牆身上有可下墮超過 2 米的開口加上標準護欄？				
12. 有否就可下墮超過 2 米的地上開口、平台和通道加上標準護欄？				

意外／事故調查表格（樣本）

一般資料

☐明顯事故/損毀　☐受限制之工作 ☐急救　　　　　☐時間損失 ☐醫療救治　　　☐死亡/其他	設備（科/地點）	意外編號：

環境　描述事故（或需要參考照片及／或草圖）

_____

_____

分析　描述引致事故的情況及／或行動

_____

_____

建議　描述控制及／或改正的措施

_____

_____

管理制度的改善　描述應當／將會採取以改善制度的措施

_____

_____

如有關意外涉及受傷／疾病，請填寫本欄

傷者／有關人士名稱： 身份證號碼：	住址：	
所屬部門：	事發時間：	受傷/致病時的督導員：

詳細描述受傷或致病情況、受影響的身體部分以及接受的治療

_____

_____

醫生： 地址：	醫院： 地址：	
填寫報告人： 日期：	檢閱報告人： 日期：	檢閱報告人： 日期：

評核次承建商計劃（樣本）

準則 承建商管理制度中應涵蓋的主要元素	類別 是(✓) /否(✗)	資料種類			評語
		只有 描述	只有 工具	描述 及工具	
1. 在招標的規格中所包含的職安健要求					
（a）有關承建商安全管理制度的安全政策					
（b）符合與某種類工作相關的職安健法例 　　（即特定條件）要求					
（c）符合客戶的職安健規則和情況要求					
（d）承建商的安全管理制度的示範性證明					
（e）可量度的職安健表現證明					
表現概要					
2. 供評核和挑選標書用的準則及程序					
（a）有關安全管理制度的準則					
（b）有關職安健紀錄的準則					
（c）在評核過程中使用有評級制度的職安 　　健評估檢查表					
（d）面見已經初選的投標者以核證其聲稱					
（e）尋求其他證據支持其聲稱					
（f）向制備其職安健文件紀錄的真正競投 　　者提供的協助					
表現概要					

準則	類別	資料種類			評語
承建商管理制度中應涵蓋的主要元素	是(✓)/否(✗)	只有描述	只有工具	描述及工具	
3. 對於合約及預備執行之計劃的職安健要求					
(a) 符合與某種類工作相關的職安健法例（即特定條件）要求：					
● 匯報職安健表現的要求及紀錄的置存					
● 通報職安健意外／事故的要求					
(b) 符合客戶的職安健規則和情況要求					
● 入選承建商作出準備性風險評估					
● 評估承建商的風險評估					
● 承建商制定的安全計劃					
● 評估承建商的安全計劃					
● 不遵從政策及規定的規格					
● 作為部分合約文件的合約職安健制度的認可及接納程序					
表現概要					

設立安全委員會（法律要求）

（摘錄自勞工處的「工廠及工業經營（安全管理）規例指南」）

(1) 附錄 I 指明的第1或3類東主或承建商應──

- 設立至少一個安全委員會，而該等委員會的功能是找出、建議和不斷檢討，以改善在其工業經營中的工人的安全及健康的措施；

  一般來說，工業經營無需在同一工作地方設立兩個或以上的安全委員會。不過，若東主或承建商有兩個或以上的工作地方處於不同地點，則應於每一地點（即工作地方層面）及企業層面設立安全委員會。

- 實施安全委員會建議的任何措施。

  應設立一個機制來確保該委員會的決定及建議有效地傳達到負責執行的人員。安全委員會的議決及建議應通知所有僱員。有關文件應展示在顯眼地方或可由其他方便的途徑得到。

(2) 設立的安全委員會應──

- 有至少一半成員（不論他們是被提名的或是選出的）代表在工業經營中的工人；

  安全委員會的成員人數不應過多，成員數額需在廣泛代表性和合理人數上得到平衡。

- 獲得一份書面陳述，列出管限其成員資格、職權範圍及會議程序的規則；

  安全委員會成員的任期應從委員會的有效運作方面考慮，分批更換成員有助減低對委員會運作的影響。此外，亦需制定附加會議規則，包括委員會議決的程序。

- 每3個月至少開會一次；

  一般來說，安全委員會的會議頻密程度取決於工作量、作業裝置的複雜性及工場內的危險性質。

- 備存會議紀錄至少5年，並在職業安全主任索閱時供其查閱；及

  東主或承建商需確保備存安全委員會正確的會議紀錄，以提供議決、提交的建議及改善行動的進度報告。

- 在會議上只可討論在該工業經營中的工人在工作時的安全及健康方面的事宜。

  會議需預先計劃以令它能順利進行，討論的議題要列在議程上，議程內容應在會議前向委員會發出，令他們可準備及提供意見。

東主及承建商不得基於任何工人因履行其作為安全委員會的職能而終止僱用或威脅終止僱用該工人，或歧視該工人。

設立安全委員會(合約要求)

(摘錄自工務局的「工務計劃建築地盤安全手冊」第6章)

應就每份合約設立下列的委員會，以加強地盤的安全措施：

(a) 地盤安全管理委員會；及

(b) 地盤安全委員會。

(a) 地盤安全管理委員會

職權範圍

(1) 監察安全計劃是否足夠，並確保其為承建商所實施 於有關合約內列明承建商的地盤安全責任和確保其實施；

(2) 檢閱意外的統計數字，並確定趨勢及意外的可能誘因，從而建議採取措施，預防其重演；

(3) 協調於地盤工作的次承建商 專家承建商的安全措施；

(4) 檢討緊急及救援程序；

(5) 推廣安全宣傳及訓練；

(6) 討論有關承建商的每月安全報告；

(7) 研究收悉的安全報告及檢閱由承建商制備的行動計劃；

(8) 進行安全視察；以及

(9) 檢討和監察針對不安全作業方式及情況而作出的跟進行動。該等不安全作業方式及情況乃於地盤視察期間找出，及為勞工處或海事處所發出的地盤視察報告、改善通知書和暫停通知書所確定的。

(b) 地盤安全委員會

職權範圍

(1) 確保於地盤實施安全計劃或列明於合約中的承建商地盤安全責任；

(2) 檢討及監察於地盤採取的安全及健康措施的成效，並作出改善建議；

(3) 討論與地盤運作有關聯的危害和所需的安全預防措施；

(4) 協調於地盤工作的所有次承建商、公共事業機構或其他建造方的安全措施相互作用；

(5) 推廣安全宣傳及訓練；

(6) 討論及檢討緊急及救援程序；

(7) 就已發生的意外進行檢討，從而建議措施以防止意外重演；

(8) 檢閱意外的統計數字及檢討次承建商的安全表現；

(9) 提供一處討論場地，讓管理層及工人方可討論有關建築安全事宜；以及

(10)研究收悉的安全報告和檢閱行動計劃。

(1) 會議頻率

每月開會

(2) 成員

　　(a) 地盤安全管理委員會

　　　　各個地盤安全管理委員會的組成如下：

　　　　主席：建築師 / 工程師或其具有專業或以上地位的代表

　　　　秘書：建築師 / 工程師的常駐安全事務職員，或由建築師 / 工程師委任的另一名職員

成員：項目經理或來自承建商總公司高級管理層的一位代表

　　　地盤代表

　　　承建商的安全主任

　　　次承建商的安全督導員

臨時特別地參與人士：勞工處的職業安全主任

　　　　　　　　　　海事處的船舶安全主任／海事主任

　　　　　　　　　　消防處代表

　　　　　　　　　　香港警務處代表

　　　　　　　　　　公共事業機構

　　　　　　　　　　僱主代表（包括但並不限於CAS／安全、

　　　　　　　　　　工務局及部門安全顧問）

（b）地盤安全委員會

　　主席：地盤代表

　　成員：項目經理或來自承建商總公司高級管理層的一位代表

　　　　　承建商的安全主任及安全督導員（視何者合適而定）

　　　　　次承建商的安全督導員

　　　　　次承建商的各層管理人員

　　　　　建築師／工程師的代表或地盤常駐職員或工程師委任的另

　　　　　一名職員

　　臨時特別地參與人士：勞工處的職業安全主任。

安全委員會資料表格（樣本）

<u>　　　（填上公司名稱）　　　</u>

<u>　　　（填上委員會名稱）　　　</u>

項目／合約名稱：_____

項目／合約編號：_____

經常性會議日期或會議頻率：_____

會議地點：_____

主席（姓名）：_____ 電話：_____

資方委員會成員：

姓名：　　　　　　　　　職銜：

_____　　_____

_____　　_____

_____　　_____

勞方委員會成員：

姓名：　　　　　　　　　職銜：

_____　　_____

_____　　_____

_____　　_____

安全委員會會議議程（樣本）

日期：　二〇〇一年十一月一日
　致：　　所有安全委員會成員
發件人：　〔安全董事〕

　主題：　安全委員會每月會議議程

安全委員會現定於十一月十五日星期四上午九時三十分在工地會議室舉行會議。繼安全會議後將召開一小時的安全管理制度檢討會。

會議議程

1. 點名
2. 來賓簡介
3. 主席致詞
4. 安全主任每月報告
5. 工作小組組長報告
6. 舊有事項跟進
   a. 首三名無工傷意外日數的次承建商
   b.
   c. 其他舊有事項

7. 新事項
   a. 良好工地管理冠軍
   b. 意外檢討
   c. 審核檢討
   d.
   e.
   f. 其他新事項

續安全會議後將召開一小時的安全管理制度檢討會。

附錄10 風險評估表（樣本）

風險評估表（樣本）

#	活動／設備裝置及器材	危害	誘因	後果	承受風險人士	評估	危害嚴重性評級	優先次序	負責人士	建議

附錄11 健康危害緩急次序表格（樣本）

健康危害緩急次序（樣本）					第__頁，共__頁	
機構			設備		地點	
編號	危害	簡述	具體地點	跟進工作指派予	日期	
					指派日	完成日

▶ **文件管控**

文件管控是指採取某些措施，以確保所使用的是有效及內容並無過時的文件與數據，而且不會於可影響安全的過程及操作中使用了無效的文件與數據。一切對安全性有影響的文件，均應受到適當管控，並應易於取得和可供識別。

▶ **概觀**

安全制度實際上是代表了某一機構執行其工序的方式的一套政策及程序。安全文件記錄的內容源自對安全制度的分析。而內容的產生，則須追溯到工作的源頭。所有安全文件紀錄，旨在準確反映某機構運作的方式。它們描述的應是現行的基準，而非事物應有的方式。此外，文件必須經常更新。

▶ **文件紀錄的架構**

文件紀錄的架構大致可分為以下四層文件：

（1）安全政策——這是最高層次的文件。

（2）安全計劃——它設計出一連串行動以實現安全政策及其目標。

（3）安全程序——它涵蓋了安全管理制度標準及要求的所有安全元素的所有安全程序和工作指引。各項安全程序訂明了某項工作或運作的流程（有關安全及健康方面）。它發揮了檢視整項過程、職務或工作的作用。

（4）表格、紀錄、文件、書刊或檔案——它們都是安全表現的證明。

安全政策
（各項）安全計劃
各項安全程序
紀錄及表格等

▶ 文件記錄級別制度

▶ 文件審批及發出

公司必須設立並維持某些程序，以管控一切與公司安全管理制度的要求有關的文件及紀錄。此等文件須在發出前由獲授權人員就其充份性進行檢閱和審批。該項審批應在有關機構內的適當及適用層面進行。一般來說，較高層次的文件紀錄需要較高層人員的審批。

▶ 文件變更 / 修改

除非另有規定，文件上的變更須經由進行原檢閱及審批的相同組織來檢閱和審批。一項文件總表或同等文件的管控程序應予以設立，以識辨當前修訂的文件。文件經過數項實際改動後，須重新發出。

▶ 管控行政

(1) 為所有標準及受管控文件建立存檔系統：

- 安全程序
- 安全審核
- 安全紀錄(按安全程序中指明的法定及安全紀錄)
- 往來書信
- 被取替文件

(2) 文件及紀錄的審批與發出

一項文件紀錄系統應包括每一份文件均有一獨有的識別編號。機構的所有文件均應標明發出或修訂日期。安全計劃的每一頁上均須標明其文件識別編號及發出或修訂日期。標明日期宜採用日－月－年的方式。

(3) 文件總表

安全計劃內須確定出一份文件總表或等同的方式來負責收列機構的受管控文件，包括文件的最新修訂本。

（4）變更檢閱

安全計劃內須制定程序，詳細列有關新的或經修訂文件的檢閱及授權過程。

（5）文件的備用、廢棄、分發及重新發出

安全計劃內須制定程序，詳列有關新的或經修訂文件的備用、廢棄、分發及重新發出過程。此程序應顯示機構如何保證了任何文件的最新修訂本可供備用。

（6）電子媒體被認為是「等同」文件及紀錄。

危害性物料洩漏處理程序（可行範例）

目的：	制定本程序的目的，在於把因洩漏危害性物料而對安全、健康及環境造成的危害減至最低。
範圍：	置放於＿＿＿＿（填上地盤地址）＿＿＿＿＿的危害性物料 包括＿＿＿（填上物料名稱）＿＿＿
釋義：	為了本程序的目的，洩漏是指不論由於容器失靈、打翻或意外排放而造成的液體或固體物料自其恰當容器意外釋出的情況。
相關文件：	● 此等危害性物料的位置於附件＿＿＿的工地草圖上已經指明。 ● 當發生主要緊急事故時或需要用到的外間團體電話號碼已載列於附件＿＿＿。 ● 關於此等物料的物料安全資料單已載列於附件＿＿＿。 ● 一份列明各種中和劑與吸收劑及它們的擺放位置的清單已包括於附件＿＿＿內。

程序：	(1) 小型洩漏
	  (a) 對於小型的，不構成安全及健康方面的危險和不大可能對環境造成不良影響的洩漏，可由受過訓練人員〔管工〕用手頭有的適當物料和個人防護裝備加以處理。此等人員應：
	    ● 通過關閉閥門、扶正容器桶、翻轉洩漏桶等等來消除洩漏源頭
	    ● 預防化學物進入排水系統
	    ● 加入中和劑及／或吸收劑
	(2) 大型洩漏
	  (a) 對於大型洩漏或該等由於其有毒煙氣、易燃性會對安全及健康構成威脅，或有可能釋放進環境的洩漏，應透過啟動警報器及廣播系統，通知緊急應變小組和宣佈緊急情況的性質。
	  (b) 緊急應變小組的回應應有如面對火警般，但必須帶備適當的洩漏控制器材，並啟動抑制程序。
	  (c) 通過關閉閥門、修補漏洞、扶正容器、抽空發生故障容器等等來消除洩漏源頭。
	  (d) 透過築堤圍繞或其他方法以預防或限制洩漏擴散的幅度。
	  (e) 因應洩漏而實施其他合適的洩漏控制措施。
	
	(3) 疏散
	  (a) 〔工場代表或當值督導員〕應開始疏散（參閱疏散程序）撤離有關範圍，假如發生下列種類化學物洩漏：
	  (b) 一旦洩漏未受抑制或已進行疏散行動，應由〔工場代表或其指定代表〕通知消防處及政策部門。
	  (c) 〔安全主任〕應負責聯絡所有需要知會的政府部門。

意外／事故調查程序（可行範例）

目的：	在安全情況下，應進行一項意外／事故調查，以決定某宗意外的因由，並決定防止意外再次發生的方法。
範圍：	項目位於＿＿＿＿（填上地盤地址）
責任：	〔項目經理〕將會協調調查工作及制備所有最後報告以供呈交。 調查由一小組進行。該小組由〔項目經理〕領導，並由包括全部或部分下列的適當人員所組成： ● 工程師 ● 安全主任 ● 安全督導員 設備裝置維修督導員
程序：	調查組應立刻封鎖意外現場並展開調查，以減低任何有用證據被損壞或被去除的可能。意外現場的調查應包括： ● 拍下意外場地的照片 ● 確定火警／洩漏／爆炸的來源點（如適用） ● 記下閥門、控制裝置及其他裝置的位置 ● 記下意外範圍內任何不尋常事項，或任何與該意外類型或強度不吻合的損毀 向所有相關的操作員與工人、可能證人以及其他可能有意外／事故的有關資料的人士取得書面或錄音供詞。對引致意外／事故的事件的描述、可能曾發生的情況、原因以及提出的改正行動等，均應收取。 在可能及不存在引致另一次事故的風險的情況下，應進行器材試驗及／或意外模擬。
報告：	意外報告由〔安全主任〕負責撰寫。報告應包括最有可能的原因及所建議的改正措施。意外報告應向〔地盤安全管理委員會〕、〔項目經理〕及〔安全經理〕呈交。
改正行動：	〔項目經理〕應負責確保所有改正行動得到執行，以防止事故重演。
相關文件：	索償表格第＿＿（填上表格編號）＿＿號 意外／事故報告程序第＿＿（填上程序編號）＿＿號 意外／事故調查程序第＿＿（填上程序編號）＿＿號 意外／事故報告表格第＿＿（填上表格編號）＿＿號 意外／事故調查表格第＿＿（填上表格編號）＿＿號 意外／事故趨勢分析＿＿（填上表格編號）＿＿號

（填上設備裝置、機器名稱）

維修保養程序（可行範例）

目的：	此項就維修工序控制措施提供的程序，旨在把維修保養設備裝置及機械時可能引致的安全及健康危害減至最低。
範圍：	項目位於　　（填上地盤地址）
責任：	<ul><li>由〔安全主任〕負責進行一項工序危害分析，以識別出與是項維修保養工作有關聯的危害，並檢查維修保養程序的成效及責任。</li><li>〔設備裝置維修督導員〕負責確立及檢討維修保養程序。</li><li>由〔項目經理〕負責讓地盤內所有人士知道，於何日何時將會進行（填上設備裝置或機械名稱）　的維修保養工作。</li><li>〔設備裝置維修督導員〕必須取得有關設備裝置或機械的安全資料。</li><li>在維修保養或修理工作開始前，〔設備裝置維修督導員〕有責任確保電源已關閉，上鎖程序及加上危險標籤與故障標籤程序亦得到遵從。</li></ul>
程序：	<ul><li>必須從恰當的通道、臨時或永久性的平台或恰當而安全的梯級到達設備裝置。在任何情況均不得使用設備裝置或機械的未經指定作該項用途的任何其他部分作為到達途徑。</li><li>在啟動器材前，被除去以進行維修保養或修理工作的機械護罩必須放回。</li><li>所有工作用的吊索及起重機械如鏈條滑輪，必須得到恰當的設計，並須經持有有效證書的合資格檢查員測試及徹底檢查。</li><li>當需要啟動設備裝置或機械以檢查修理或維修保養的進展時，〔設備裝置維修督導員〕必須確保所有人員均遠離該設備裝置或機械的危險部分。所有工具及可鬆脫部分均已移除，所有護罩亦被放回。</li><li>完成修理或維修保養時，〔設備裝置維修督導員〕必須：<ul><li>■ 把所有護罩及安全裝置放回；</li><li>■ 恢復使用所有停止及緊急警告標誌；</li><li>■ 確定所有緊急停止按鈕均可正常操作；</li><li>■ 通知有關人員關於該項啟動；</li><li>■ 檢查以確保所有工具、器材及垃圾均已移除；</li><li>■ 遵循上鎖程序解除上鎖／危險及故障標籤。</li></ul></li></ul>
相關文件：	<ul><li>上鎖程序第　（填上程序編號）　號</li><li>標籤及故障程序第　（填上程序編號）　號</li><li>項目安全計劃第　（填上計劃編號）　號</li><li>維修保養檢查單表格第　（填上表格編號）　號</li></ul>

▶ 參考法例

(1)《工廠及工業經營(安全管理)規例》

▶ 參考書籍

(1) 安全管理工作守則，2002，香港勞工處

(2) 安全管理指南，1999，香港勞工處

(3) 香港工業安全檢討諮詢文件，1995，香港教育統籌科

(4) 建造業安全管理指引，2002，香港職業安全健康局

(5) 職業安全健康管理制度確認計劃指引，2002，香港職業安全健康局

(6) 制定職業安全管理制度，1999，香港職業安全健康局

(7) 中小型企業如何推行職安健管理，1999，香港職業安全健康局

(8) Independent safety audit scheme for works branch and housing authority safety auditing system version 1.2, 2003, Occupational Safety & Health Council, Hong Kong

▶ 參考標準

(1) BS8800:2004 Occupational health and safety management systems - Guide, 2004, British Standards Institution, United Kingdom

(2) OHSAS 18001:1999, Occupational health and safety management systems - Specification, 1999, British Standards Institution, United Kingdom

(3) OHSAS 18002:2000, Occupational health and safety management systems - Guidelines for the implementation of OHSAS 18001, 2000, British Standards Institution, United Kingdom

（4）ILO-OSH 2001, Guidelines on occupational health and safety management systems - Guide, 2001, ILO Publications, Geneva

（5）HSG65, Successful health and safety management, 1997, Health and Safety Executive, United Kingdom

（6）AS/NZS4360:1999, Risk Management, 1999, Standards Australia, Australia

（7）AS/NZS4804: 2001, Occupational health and safety management systems - General guidelines on principles, systems and supporting techniques, 2001, Standards Australia, Australia